Ana Pomares

Rituales de LIMPIEZA ENERGÉTICA

Guía práctica para mantener la armonía y el equilibrio en tu hogar

Ilustraciones de Anabel Abadía Cea

Primera edición: noviembre, 2024

Arcopress • Vida alternativa
Dirección editorial: Pilar Pimentel
Edición: Rebeca Rueda
Ilustraciones: Anabel Abadía Gea
Diseño y maquetación: Fernando de Miguel

www.arcopress.com
pedidos@almuzaralibros.com - info@almuzaralibros.com

Editorial Almuzara S. L.
Parque Logístico de Córdoba. Ctra. Palma del Río, km 4
C/8, Nave L2, nº 3. 14005 - Córdoba

Imprime: Gráficas La Paz
ISBN: 978-84-10354-48-7
Depósito Legal: CO-1818-2024
Hecho e impreso en España - *Made and printed in Spain*

A Julián, mi gran compañero de vida, cuyo apoyo constante hace posible cada sueño.

Y a mis dos grandes maestros, Julián y Gonzalo, quienes llenan de luz y magia cada rincón de mi vida.

Os quiero.

Índice

Presentación

1

Presentación

Mi nombre es Ana Pomares y soy consultora de *feng shui* clásico y especialista en terapias energéticas para personas y espacios. Con una formación en Magisterio de Educación Infantil, siempre he sentido una profunda pasión por la enseñanza, lo que me llevó a combinarla con el bienestar energético, creando un enfoque único que ha impactado a cientos de alumnos en mi escuela *online*. A través de este libro, mi intención es guiarte en el descubrimiento de cómo la energía de tu entorno y de tu propio ser puede transformarse para mejorar tu vida. Puedes seguir mi trabajo y encontrar más recursos en mi perfil de Instagram @anapomares_; en mi pódcast, *Lavanda y limón*, y en mi página web, anapomares.com.

Seguro que has escuchado en muchas ocasiones hablar de limpiezas energéticas, o se han cruzado en tu camino numerosos textos o videos en los que se explica brevemente alguno de los pasos. Pero hay tanta información a nuestro alcance que es difícil establecer las bases, o estas crean confusión y no sabemos ni por dónde empezar.

Lo primero, decirte que no te agobies, porque es algo muy sencillo. A medida que vayas avanzando en la lectura de este libro, irás implementando diferentes rutinas en tu día a día que terminarán convirtiéndose en tus propios rituales de limpieza energética.

Me hace muy feliz que aprendas todo esto de mi mano y que hayas confiado en mí para cambiar tu vida y, en definitiva, cuidar y proteger la energía de tu hogar y la tuya propia. Y digo esto porque, a medida que me adentraba más en la labor de limpiar energéticamente mi espacio, me di cuenta de que mi cuerpo también lo necesitaba. Y es que nosotros también somos energía y actuamos como una especie de pararrayos en el que recibimos, destilamos y magnificamos la energía de nuestro cuerpo.

A través de este libro, pretendo enseñarte los secretos de las limpiezas energéticas con la utilización de diferentes herramientas y métodos que puedes adaptar a tus necesidades específicas en cada momento. Te mostraré todo lo necesario para limpiar y equilibrar un espacio, ya sea el hogar en el que vives, la vivienda que deseas vender o tu negocio. Y también aprenderás un poco de *feng shui*, pero lo explicaré muy por encima, simplemente para que sepas identificar la energía de cada uno de los espacios que habitas, ya que cada estancia tiene su propia energía única y característica, afectando de una manera concreta a nuestras vidas. Y es que la limpieza energética forma parte integral del *feng shui* y ambos van de la mano.

Estoy muy emocionada de que descubras y sientas el enorme impacto que puede tener en tu vida el equilibrio energético de los espacios. ¡Empezamos!

Introducción
energética

2

Introducción energética

QUÉ ES LA ENERGÍA Y LA VIBRACIÓN

En el corazón de nuestro hogar y de nuestra existencia reside un misterioso tejido invisible: la energía. Pero ¿qué es la energía y cómo nos afecta en nuestra vida diaria? En esencia, la energía es la fuerza vital que fluye a través de todo, desde las plantas que decoran nuestro hogar hasta los rincones más íntimos de nuestros espacios. Es la chispa que anima cada día y la esencia que conecta nuestro ser con el entorno que habitamos. Por lo tanto, la vibración es la manifestación palpable de esa energía. Cada emoción, pensamiento y objeto emite una frecuencia vibracional única que influye de manera directa en nuestro bienestar.

Imagina tu hogar como una sinfonía de vibraciones, donde cada elemento contribuye a la melodía general. Comprender la energía y la vibración es descubrir el lenguaje secreto de tu entorno; es aprender a sintonizar y armonizar las frecuencias para crear un espacio donde reine la paz, el bienestar y la vitalidad.

En este viaje exploraremos cómo la energía y la vibración son las claves para conseguir la armonía en tu hogar. Desde la Antigüedad hasta nuestros días, estas fuerzas han moldeado silenciosamente y contribuido a nuestro bienestar. A través de herramientas prácticas y rituales sencillos, aprenderás a trabajar la energía, a transformar las vibraciones que te rodean y a crear un santuario de equilibrio y positividad en cada rincón de tu casa.

UNA PRÁCTICA PRIMITIVA

En la Antigüedad, el ser humano tenía un vínculo poderoso y especial con la naturaleza, guiándose por las estaciones, la posición del Sol y la armonía con el entorno. Las montañas y los ríos señalaban la conexión entre la casa y el mundo natural. El contexto de la vida humana estaba arraigado en el mundo natural.

Sin embargo, en la era moderna hemos construido un velo tecnológico que nos separa de estas raíces que son fundamentales. Entre comodidades y avances hemos perdido el equilibrio esencial que proviene de esa conexión, descuidando esta sabiduría ancestral. Lo tenemos todo y estamos más desconectados que nunca. Aunque cada día caminamos más para recuperarla, reconociendo que la clave de la armonía está en volver a sintonizar con la naturaleza que siempre es nuestra guía.

A lo largo de la historia, diferentes civilizaciones alrededor del mundo han abrazado la energía y disfrutado de las limpiezas energéticas como un pilar esencial para el bienestar. Y es que solían limpiar energéticamente sus espacios para tener un mayor equilibrio y armonía en sus hogares y en sus vidas. En diferentes países algunas de estas tradiciones han sobrevivido prácticamente intactas sin cambios en el tiempo, realizando rituales y ceremonias sagradas para limpiar espacios y proyectar energía positiva y abundante sobre ellos.

En Egipto, por ejemplo, las ceremonias de purificación con incienso y hierbas aromáticas limpiadoras no solo buscaban equilibrar la energía del ambiente, sino también propiciar la conexión con lo divino, como evidencian los papiros que detallan estos rituales.

En la antigua China, la práctica del *feng shui* es un arte fundamental para la disposición de los espacios. Considerando las corrientes energéticas o *chi*, se busca crear armonía en los hogares influyendo positivamente en la salud, riqueza, armonía y bienestar de quienes los habitan.

En Japón, con la ceremonia del Kobo, que implica la quema de incienso, se realizaban no solo por sus agradables fragancias, sino por la creencia de que el humo purificaba tanto el entorno como el espíritu. Así mismo, las prácticas indígenas de América, con el sahumado de hierbas sagradas, reflejaban la conexión que había entre la naturaleza, el hombre y la energía.

En la India, la ciencia milenaria del *vastu shastra* guiaba la construcción de los hogares de acuerdo con los principios energéticos, considerando la orientación de las habitaciones y la colocación de puertas y ventanas para ampliar así el flujo de la energía positiva y vibrante.

Estos son solo algunos ejemplos que evidencian que en diferentes civilizaciones de todo el mundo se prestaba una atención especial al ámbito energético desde tiempos remotos hasta la actualidad. Cada cultura, a su manera, honraba (y honra) la importancia de mantener el equilibrio y la armonía en el hogar, reconociendo que la energía es un elemento vital que influye en todos los aspectos de la vida.

Al sumergirnos en estas tradiciones, no solo aprendemos prácticas ancestrales y valiosas, sino que también nos conectamos con la riqueza cultural y espiritual que han compartido numerosas generaciones a través de los siglos.

CÓMO NOS AFECTA LA ENERGÍA EN NUESTRO DÍA A DÍA

Todo lo que nos rodea tiene energía, incluso nuestro hogar. Se trata de un flujo sutil que impregna cada rincón de nuestro hogar afectándonos de manera directa en nuestro día a día.

Nos influye en nuestro estado de ánimo, en nuestra salud física y emocional, en las relaciones con los demás y con nosotros mismos, en la creatividad, el trabajo y, en definitiva, en todos los ámbitos de nuestra vida. Un hogar cargado de energía positiva propicia alegría y bienestar, fortaleciendo las relaciones, impulsando la productividad y creando un espacio propicio para la abundancia y la felicidad.

Al comprender cómo nos afecta, desvelamos el secreto para transformar nuestra vida cotidiana, llenándola de armonía y bienestar.

POR QUÉ NOS CARGAMOS ENERGÉTICAMENTE. SÍNTOMAS DEL DESEQUILIBRIO ENERGÉTICO

En el ajetreo diario de nuestro día a día acumulamos no solo experiencias que hayamos vivido, sino también energía residual de otras personas o de ambientes que pueden desequilibrar nuestro bienestar. El estrés, las emociones intensas, las interacciones negativas (como puede ser una discusión, un problema o situación que no paramos de pensar y darle vueltas mentalmente), el desorden y la suciedad en nuestro hogar son fuentes comunes de este desequilibrio. Y cuando nos cargamos energéticamente, experimentamos síntomas como los siguientes:

- **Fatiga constante:** la energía estancada puede generar una sensación constante de cansancio, incluso después de un buen descanso nos sentimos agotados, y esta persistencia es una señal de que la energía vital no fluye libremente.
- **Irritabilidad y desánimo:** sentirnos irritados sin razón aparente puede ser indicativo de una carga energética densa. Esta energía estancada puede afectar a nuestro estado de ánimo y a nuestras respuestas emocionales.
- **Problemas de sueño:** el desequilibrio energético a menudo se manifiesta en dificultades para conciliar el sueño o mantener un descanso reparador. Esta puede ser una señal de que necesitamos una limpieza energética.
- **Confusión mental:** la acumulación de energía densa puede generar carga mental, confusión, problemas para concentrarnos, falta de creatividad, etc.

— **Malestar físico y emocional sin causa aparente:** los síntomas más comunes suelen ser dolor de cabeza, tensión muscular, dolor de espalda, presión en el pecho, sentimientos de tristeza, etc.
— **Relaciones tensas:** la energía negativa puede impactar en nuestras relaciones personales y laborales, generando tensiones y conflictos recurrentes que pueden indicar un desequilibrio en la energía del entorno.

Reconocer estos síntomas nos da la oportunidad para restaurar nuestro equilibrio energético, abordando de manera directa las limpiezas energéticas con el fin de liberar la energía estancada y crear así un espacio favorable donde sentir dicha en nuestro hogar.

Hogar

3

Hogar

NUESTRA CASA ES UNA PROLONGACIÓN DE NOSOTROS MISMOS

Tu hogar, más que un conjunto de habitaciones, es un reflejo de tus experiencias y emociones, por eso decimos que nuestra casa es una prolongación de nosotros mismos.

Nuestro hogar no son simplemente cuatro paredes que nos cobijan del frío y de las inclemencias meteorológicas. Nuestro hogar tiene alma y alberga energía. Cada rincón, cada mueble emite una vibración única y cuenta la historia de las emociones y vivencias que ha acogido a lo largo del tiempo.

Nuestra casa es receptora de campos de energía invisibles que responden al pensamiento y la intención, reflejando nuestra energía personal y aportando también en nosotros ese equilibrio interior.

Los seres humanos somos sensitivos por naturaleza, y poseemos esa percepción especial que hace que nos sintamos bien o mal cuando estamos en un espacio determinado. Seguro que tú lo has sentido así en algún momento, ¿verdad? ¿Has entrado a la vivienda de algún familiar, amigo o conocido y has tenido la sensación de no poder respirar, como si te faltase el aire, y has sentido la necesidad de salir de allí? Seguramente estaba decorado con un gusto exquisito, pero tendría energía estancada que era necesario limpiar y equilibrar.

Realmente lo que nuestro cuerpo está haciendo es analizar la energía y la vibración del ambiente y responder a ellas afectándonos tanto a nosotros como a las personas con que compartimos ese momento y espacio, y predisponiéndonos a ello, ya sea en un evento familiar, en una reunión o entrevista de trabajo, etc.

Es por ello que limpiar el espacio y equilibrar las energías que nos rodean nos permite convertir nuestro hogar o lugar de trabajo en un ambiente lleno de energía positiva que va a ejercer una gran influencia en nuestra vida y en nuestro propio desarrollo personal.

No es necesario tener toda nuestra vivienda armonizada energéticamente con las nociones del *feng shui* para sentir los efectos energéticos. Algo tan sencillo como tener la casa limpia y ordenada puede transformar nuestra vida y cambiar la percepción de los acontecimientos que suceden en nuestro día a día y que flotan en nuestro hogar. No te preocupes si te cuesta asimilar ciertos conceptos, porque hablaremos de todo esto más adelante; a medida que vayas practicando, refinarás tus habilidades.

Aprender a limpiar los espacios tendrá una influencia notable en el sentir de tu hogar y en los diferentes aspectos de nuestra vida, proyectando abundancia y expandiendo de forma ilimitada su energía.

CÓMO SABER SI MI CASA NECESITA UNA LIMPIEZA ENERGÉTICA

Si prestamos cuidadosamente atención a nuestro hogar, comenzaremos a notar esos pequeños indicios que sugieren que el ambiente en el que vivimos requiere de una limpieza energética. Estas señales pueden manifestarse a través de sensaciones, cambios en el entorno o en tu estado de ánimo. Observar estos detalles te permitirán reconocer cuándo es el mejor momento para realizar una limpieza energética y restaurar así la armonía de tu hogar.

— **Energía estancada:** al igual que la energía está por todas partes y se mueve y circula, también puede quedarse estancada y volverse pesada. Si percibes que determinados espacios de tu casa carecen de vitalidad, huelen diferente al resto de estancias o sientes como si el aire en general se hubiera vuelto denso, es probable que la energía esté estancada.
— **Tensiones familiares:** conflictos continuos, discusiones, falta de entendimiento, etc. Si persisten en el tiempo, suelen ser síntomas de desequilibrios energéticos en casa.
— **Problemas para conciliar el sueño:** si se producen dificultades para conciliar el sueño o se tienen pesadillas o sueños raros y perturbadores constantes.
— **Cambios repentinos en el estado de ánimo:** si notas cambios emocionales, sientes que a la más mínima saltas por cualquier motivo y todo te parece mal, tienes se ntimientos de tristeza constantemente y ganas de llorar. Si analizas tu vida y no encuentras una explicación aparente a todo esto.
— **Desorden persistente:** el desorden puede atrapar y acumular energía negativa. Si luchas constantemente contra él, considera una limpieza para liberar tu hogar de estas cargas no deseadas. Recuerda analizar no solo el desorden que se ve, sino también el que no se ve (dentro de armarios, cajones, trasteros, etc.).

— **Sensación de pesadez o malestar físico:** si experimentas una sensación de pesadez o malestar físico al estar en casa (carga mental, dolor de cabeza, bostezos continuos, dolor de espalda, cansancio constante, etc.), es una señal de que la energía del entorno puede no ser propicia.

Al prestar atención a estas señales, podrás identificar cuándo tu hogar te está pidiendo una limpieza energética, y obtener así la armonía y el equilibrio que tanto tu hogar como tú y tu familia necesitáis.

POR DÓNDE EMPEZAR. ORDEN Y MINIMALISMO CONSCIENTE

El orden y minimalismo consciente es un viaje fascinante y transformador que redefine la relación que tienes tú con tu entorno. Y es que el orden va más allá de la disposición meticulosa de objetos y el minimalismo no es simplemente despojarse de posesiones; ambos son una invitación a redescubrir la esencia de tu hogar y, por consiguiente, de ti mismo.

Esa liberación permite que el *chi* vital de la vivienda (su energía vital) circule correctamente, generando energía positiva. Y es que nuestro exterior refleja nuestro interior, y la energía que circula en nuestra vivienda es la energía que circula en nuestro cuerpo. Por lo tanto, hay una conexión directa entre ambos.

Si sanamos nuestra parte exterior, que en este caso es la vivienda, limpiando y trabajando su energía, estaremos sanando de una manera inconsciente nuestro interior, eliminando y liberando bloqueos que tengamos en cualquier ámbito de nuestra vida.

Por lo tanto, el *feng shui*, junto con las limpiezas energéticas y el orden y minimalismo consciente, es la llave que nos ayuda a tener una vida mucho más abundante y feliz.

Pero ¿qué es el desorden? El desorden es la acumulación de cosas que carecen de amor, utilidad y sentido en nuestra vida, como, por ejemplo:

— Objetos que no te gusten y no uses.
— Proyectos a medio terminar o nunca iniciados.

— Cosas que están rotas o a las que les faltan piezas.
— Ropa que no te viene, no te queda bien o no usas.
— Demasiada cantidad de objetos o muebles para el tamaño de tu espacio, etc.

Este desorden, ya sea en el entorno físico o emocional, actúa como un indicador de que hay aspectos más profundos que requieren de atención más allá de las cosas tangibles, revelando aspectos emocionales que a menudo ignoramos, como, por ejemplo:

— A veces, intentamos llenar vacíos emocionales derivados de problemas no resueltos en la infancia.
— El desorden puede servir como un símbolo externo de suficiencia, cuando internamente nos sentimos insuficientes.
— Se convierte en una distracción conveniente para evitar mirar en nuestro interior y abordar preocupaciones más profundas.
— Acumular cosas puede revelar un intento de aferrarse a viejas relaciones, experiencias o situaciones, incluso cuando ya no nos sirven.

El impulso de acumular generalmente proviene del miedo al futuro, alimentado por la idea de no poder reemplazar lo que tenemos y sentir escasez en nuestra vida. Cambiar esta perspectiva implica confiar en

que el universo nos proporcionará lo necesario cuando llegue el momento. Y siempre debemos de trabajar en nuestros pensamientos y emociones porque proyectarán la realidad que experimentaremos en el futuro. Así, despejar el espacio, ya sea físico o emocional, se convierte en un poderoso impulso para cambiar y mejorar nuestra vida.

Al adoptar el orden consciente, abrazas la idea de que cada objeto en tu espacio tiene una historia y una energía únicas que van mucho más allá de una estética visual; se trata de una forma de vida que te invita a elegir cada cosa con una intención definida. Cada elemento que seleccionas no solo ocupa un espacio tangible, sino que emite una vibración energética.

A través de esta práctica, estarás liberando a tu hogar de cantidad de hilos energéticos acumulados que hacen que no podamos respirar, nos atan, nos pesan, nos restan energía y no nos dejan fluir energéticamente.

Imagina abrir la puerta de tu hogar y sentir paz, calma y bienestar; cada objeto contribuye a la serenidad general. Esto es lo que el orden y el minimalismo te ofrecen: un refugio donde el caos da paso a la claridad y donde la armonía se convierte en tu melodía diaria.

A continuación, te mostraré unas pautas para que puedas iniciarte en esta técnica de manera consciente y que a mí me han ayudado mucho:

Reflexión y consciencia

Antes de embarcarte en este viaje, reserva un momento para reflexionar de manera consciente sobre tus posesiones. Pregúntate el valor que cada objeto está aportando a tu vida y evalúa si resuena completamente con tu yo actual.

— ¿Qué siento cuando lo veo?
— ¿Lo uso? ¿Me gusta?
— ¿Cómo me hace sentir ese objeto?
— ¿Estaría mejor en otra zona de mi casa?
— ¿Cómo me sentiré si ese objeto no está en mi vida?

Este acto reflexivo te permitirá identificar los elementos que realmente importan, estableciendo las bases para un desapego consciente. Este proceso marca el inicio de tu camino hacia un orden consciente donde cada lección es deliberada y contribuye a la creación de un espacio auténtico y equilibrado.

Con frecuencia almacenamos objetos pensando en un hipotético «por si acaso». Sin embargo, al examinarlo, descubrimos que la mayoría de las veces estos «por si acaso» nunca llegan a ser realmente útiles o necesarios en nuestra vida cotidiana.

Hay diferentes motivos que para muchas personas dificultan esta tarea, y es que en muchos casos hay un sentimiento más profundo de apego continuo. En estos casos, la toma de decisiones sobre qué debemos de desechar se convierte en un obstáculo que preferimos aplazar, quedando atrapados en un bucle incesante. Estas personas tienden a anclarse en el pasado, en experiencias vividas y relaciones cercanas. Y en ocasiones, estos objetos evocan emociones negativas o recuerdos pesados, añadiendo más carga energética y pesadez en el hogar, desarrollándose todo con mayor lentitud. Es como si tuviésemos una mochila llena de piedras que nos impidiera avanzar. Si buscamos cambios y soluciones, el primer paso es liberar espacio a nuestro alrededor.

La eliminación progresiva aborda la simplificación de tu hogar de una forma tranquila y relajada, incrementando progresivamente, sin sentir la presión que en ocasiones hasta puede resultar abrumadora de deshacerte de todo de una vez.

Mover el desorden de un lugar a otro simplemente implica trasladar tus problemas y bloqueos. El desorden hay que eliminarlo, no cambiarlo de sitio. Por eso, a veces no funciona con tan solo desechar las cosas que no te sirven. Tienes que entender lo que representa realmente ese desorden para poder darle sentido a este acto y trabajarlo correctamente.

A medida que avances en este proceso gradual, experimentarás los beneficios del desapego sin sentir la presión de un cambio radical.

Selección responsable: la esencia del orden consciente

Seguimos hacia el siguiente pilar esencial: la elección responsable y consciente. En este punto, vamos a enfocarnos en una habitación específica de tu hogar y a elegir con atención cada objeto que permanecerá en ella. Debemos dejar al menos un 20 % de espacio en la capacidad de cada cajón y armario, para que de esta forma siempre tengamos un espacio vacío para que la energía fluya por él y propicie la entrada de nuevos acontecimientos abundantes (trabajos, proyectos) y personas a nuestra vida. Recuerda que, para que algo nuevo entre, debe existir previamente un espacio.

Más que simplemente organizar, este proceso implica una cuidadosa curación; como resultado, solamente deberán permanecer los objetos que evocan alegría, utilidad y significado práctico o sentimental. Al deshacerte de lo superfluo, estás sembrando las semillas de un entorno donde cada artículo cuenta su propia historia. Este acto no solo transforma tu espacio físico, sino que también nutre tu bienestar emocional al rodearte únicamente de aquello que resuena contigo albergando en tu hogar objetos que desprenden la esencia misma de tu vida.

Cuando siento que las cosas no fluyen o que estoy atascada y poco inspirada, ordenar y limpiar la energía de mi espacio me da las respuestas que necesito. A mí me gusta abordar la organización paso a paso y dividir el trabajo en segmentos pequeños. Por ejemplo, de un armario completo voy trabajando cajón a cajón, en lugar de reestructurar de una sola vez el armario completo. Sin embargo, algunas personas prefieren quitarse la tarea pendiente lo más rápido posible y reordenan todo su guardarropa al momento. Haz lo que más se adapte a ti, a tu ritmo, y con lo que más cómoda te sientas. Pero debes tener en cuenta que, si decides llevar a cabo la organización en un solo día y te quedas sin tiempo, podrías enfrentarte a algunos riesgos, como no drenar adecuadamente al apresurarte, e incluso puede que te falte motivación si has de retomar la tarea al día siguiente. Esta labor puede resultar emocional y energéticamente agotadora. Tómate tu tiempo y sé reflexivo.

Zonas de descarte: liberando energía y abriendo camino a la renovación

En este punto, te invito a trazar límites claros entre lo que conservas y lo que liberas creando áreas designadas para los objetos que donarás, reciclarás, venderás o tirarás, permitiéndote despedirte de lo que ya no contribuye a tu presente. Al delinearlo, no solo organizaremos el proceso de separación, sino que visualizarás la liberación de energía estancada. Este acto consciente despeja tu hogar de lo innecesario, haciendo que este vuelva a respirar y que se produzca en él un cambio energético.

Orden visual y físico: armonía en tu espacio

En este punto, vamos a organizar los espacios según la frecuencia de uso y las necesidades de cada estancia en cuestión para crear un ambiente equilibrado. No se trata solo de colocar objetos, sino que buscamos establecer un sistema donde cada elemento tenga un lugar asignado, facilitando su acceso y contribuyendo a la estética general.

Opta por soluciones de almacenamiento que sean funcionales, pero que también queden bonitas; de esa manera, estaremos fusionando practicidad y belleza en cada rincón.

Este paso cambiará la manera en que tu hogar se ve y establecerá las condiciones para que la energía fluya libremente y sin obstáculos.

Práctica del vacío

Vamos a trabajar ahora con esta herramienta tan potencialmente energética, ya que a través de ella creamos espacios desocupados de manera intencionada, reconociendo que no todo rincón necesita estar lleno para ser significativo.

De esta forma estamos liberando la saturación visual y dando paso a una sensación de apertura y claridad. Este acto no solo transforma tu espacio, sino que te prepara para recibir nuevas oportunidades y experiencias en tu vida. La magia está en comprender que dejar espacio vacío es el primer paso para llenar tu vida de manera más significativa.

De esta forma abrazaremos el vacío sintiendo que con él preparamos nuestro hogar y damos paso a todo lo nuevo que está por llegar a nuestra vida: oportunidades, personas, trabajo, etc. Cuando despejas un rincón, no solo creas un espacio visualmente limpio, sino que también abres las puertas a nuevas oportunidades y posibilidades.

Ciclo de reevaluación: mantén la frescura de tu espacio de manera continua

El ciclo de reevaluación es una práctica fundamental para mantener la frescura en tu hogar de manera constante. Consiste en establecer momentos regulares para revisar y reconsiderar tus posesiones, asegurándote de que siguen siendo relevantes y funcionales, y que contribuyen a tu bienestar.

Una de las cosas que suelo hacer es programar revisiones trimestrales de cada espacio. Durante estas evaluaciones, volveremos a examinar cada área de nuestro hogar preguntándonos si los objetos que poseemos todavía sirven a nuestra vida actual o, por el contrario, ya no cumplen su propósito.

La idea es cultivar una mentalidad de ajuste persistente, adaptando tu entorno a medida que evolucionas. Al integrar esta práctica no solo mantienes el orden en tu hogar, sino que te permites crecer en sintonía con tus necesidades cambiantes, renovando así la frescura y la vitalidad de tu espacio continuamente, reflejando tu presente y allanando el camino para un futuro más ligero y significativo.

Concienciación de compras

Este es un componente clave para poder instaurar el orden y el minimalismo en casa de una manera consciente, destacando así la importancia de adoptar un enfoque reflexivo y significativo al adquirir nuevos objetos. Este paso es fundamental no solo a la hora de organizar y simplificar tu espacio actual, sino también de influir en tus elecciones futuras.

De esta manera, antes de realizar una compra, reflexiona sobre su verdadera necesidad y contribución a nuestra vida, sopesando si el artículo es realmente esencial y si aportará valor a tu hogar. Opta por la calidad sobre la cantidad, seleccionando elementos que resistan el paso del tiempo y mantengan su significado a lo largo de los años.

Un ejemplo práctico sería tener de manera planificada tu lista de compras antes de dirigirte a una tienda, evitando así las compras compulsivas, porque ¿quién no ha sucumbido a las rebajas comprando sin mesura? Llenamos nuestros armarios inconscientemente, acumulando ropa que olvidamos tener y nunca nos llegamos a poner.

La meta es tener un armario feliz con prendas que amemos y nos hagan sentir preciosas, sacando nuestra mejor sonrisa cada vez que las llevamos puestas. De esta manera, cada objeto en tu hogar tiene un propósito general. Evitando así el acopio innecesario y fomentando un estilo de vida más sostenible y alineado con tus valores. Y es que, al hacer elecciones conscientes, contribuyes a un equilibrio armonioso entre tu espacio y las posesiones que eliges traer a él, elevando así considerablemente tu nivel vibracional.

Ritual de agradecimiento

Este apartado se presenta como un acto emocionalmente significativo para esos objetos que deseamos sacar de nuestro hogar y que en un momento dado o en un tiempo determinado han cumplido una función con nosotros.

Este ritual no solo es una despedida consciente, sino una bienvenida a nuevas experiencias. Al infundir gratitud a cada objeto, no solo liberamos su energía de manera respetuosa, sino que también creamos un ambiente armonioso en nuestro hogar, transformando nuestro espacio y elevando la conexión emocional con todo lo que hay dentro de él.

Esta ceremonia es simple, pero muy significativa: encuentra un espacio tranquilo, sostén el objeto en tus manos y reflexiona sobre el papel que ha representado en tu vida, expresando agradecimiento por los momentos compartidos.

Al seguir estas pautas, estarás iniciando un viaje hacia un estilo de vida más acorde con tu personalidad, creando espacios que reflejen autenticidad, claridad y equilibrio. Recuerda que cada elección consciente es un paso hacia una vida más plena y serena. ¡Disfruta del proceso!

LA ENERGÍA DE CADA ESTANCIA. APLICA EL *FENG SHUI* EN TU HOGAR

El *feng shui*, a través de la disposición del mobiliario, la armonización de los espacios y las limpiezas energéticas, propicia un flujo energético en tu hogar, generando beneficios que transforman nuestra vida. Cualquier espacio, desde una casa hasta un simple cajón, puede albergar tanto energía positiva como negativa. Por tanto, es esencial trabajar la energía no solo de los espacios, sino también de los objetos que los componen.

A lo largo de diversas culturas, la práctica de utilizar herramientas para canalizar la energía y crear ambientes armoniosos ha sido fundamental. Conocida como *feng shui* en Asia, esta tradición adopta diferentes nombres y formas en todo el mundo. Pero, a pesar de las variaciones culturales, las creencias generales y los diferentes métodos, los resultados son sorprendentemente similares.

Escuchar a tu hogar es clave para entender la energía que habita en su interior. Las técnicas de *feng shui* permiten transformar la energía negativa o densa de un espacio, potenciándolo para que manifieste su aspecto más amable, vibrante y energético, aportando unos resultados profundos y gratificantes.

Comprender el *feng shui* implica entender la energía de tu hogar, y reconocer tu sentido intuitivo es el primer paso: sentirte bien indica que tu casa posee un buen *feng shui*, mientras que sentirte incómodo, con cierto malestar, denota lo contrario. Este conocimiento te guiará hacia un hogar lleno de armonía y vitalidad.

En casa me encanta experimentar con el *feng shui* y comprobar cómo vibran los espacios. Si yo no lo pruebo en mi hogar, con mi familia, en mi trabajo, es imposible suponer cómo vamos a encontrarnos o a sentirnos, cómo se va a desarrollar todo, etc. Por eso, cuando lo recomiendo, es porque sé con certeza que funciona, y es que, cuando tu vida se ha transformado gracias a esta práctica, te permite comunicar tu experiencia con total confianza y seguridad.

En este apartado nos sumergiremos en la práctica concreta de este antiguo arte chino, explorando cómo influir positivamente en cada rincón de nuestro hogar, comprendiendo la energía específica de cada una de sus estancias principales, aprendiendo así a equilibrar y potenciar la vibración en cada área de nuestra vida cotidiana. Este capítulo será una guía práctica para transformar tu hogar en un espacio armonioso y energéticamente positivo.

No te preocupes si no puedes aplicar todas las sugerencias que te doy al 100 % en tu hogar. Cada casa es única y especial, y eso está bien. Incluso pequeños cambios pueden tener un gran impacto. No te agobies, en *feng shui*, la clave está en encontrar tu propio equilibrio y disfrutar de los beneficios y del proceso, independientemente de la magnitud de las modificaciones. Recuerda que cualquier esfuerzo cuenta y se reflejará positivamente en tu entorno.

Espacios *yin y yang*

Nuestro hogar refleja nuestra forma de ser y estar, y dependiendo de la estancia en la que te encuentres y las actividades que se realicen en ella, te pedirá energía más *yin* o más *yang*. Profundicemos un poco más en esto.

En el *feng shui* se clasifican los espacios como *yin* o *yang* según la energía que predomine en cada uno de ellos. Equilibrarlas es la clave para crear armonía en tu hogar. Por ejemplo, el comedor, la cocina y la entrada son espacios que tienen más actividad humana y se consideran de naturaleza *yang*. Esta energía se vincula con la actividad, la vitalidad y el dinamismo, donde predominan los colores más vibrantes y una iluminación más intensa. Sin embargo, el dormitorio, el salón, el baño y la sala de estudio son espacios que tienen menos actividad humana y se consideran de naturaleza *yin*. En estos lugares experimentaremos una energía serena, pasiva y relajada idónea para el descanso o la meditación. La iluminación suave, los colores neutros y una decoración minimalista contribuyen a fomentar y equilibrar estos espacios.

El secreto está en equilibrar estos opuestos, ya que un exceso de energía *yang* puede llevar a tensión y agotamiento, mientras que demasiada energía *yin* puede inducir a la pasividad y que todo vaya mucho más lento. Buscar el equilibrio significa crear un espacio donde la energía fluya suavemente, permitiendo la actividad y el descanso cuando sea necesario.

En nuestra vivienda hay ciertas estancias que son claves para comenzar a armonizar y equilibrar, ya que desempeñan roles fundamentales en la energía del hogar, y son el dormitorio principal, el salón, el vestíbulo, la cocina y el baño. Estas estancias influyen en la salud, la economía y la conexión familiar.

Y en segundo plano, no por ello menos importantes, se encuentran la buhardilla y el sótano, pasillos y escaleras, así como el resto de dormitorios, si los hubiese. Vamos a analizar la energía de cada uno de ellos.

Dormitorio principal

El dormitorio principal es un santuario íntimo donde prevalecen la energía positiva y el descanso. Es el epicentro del hogar, por eso se considera una de las habitaciones más importantes de la casa, ya que no solo representa el lugar donde descansas y revitalizas tu energía, sino también el inicio de cada día, donde tus sueños toman forma y tu conexión emocional se fortalece. Y es que, si nuestro dormitorio no propicia un buen descanso, con el tiempo acabaremos desvitalizándonos, iremos perdiendo memoria, disminuirá nuestra capacidad de concentración, nos sentiremos desganados, tendremos dolores, tomaremos decisiones equivocadas, estaremos más irritados y puede afectarnos de manera directa en las relaciones amorosas. Por lo tanto, su energía debe de ser calmada, pausada, ordenada, confortable y silenciosa. Algunos *tips* para conseguir este propósito son los siguientes:

— Evita objetos puntiagudos o ángulos que apunten a la cama, ya que pueden generar energía negativa, afectando al bienestar y la armonía en la relación.

— Opta por colores neutros que fomenten la calma y una iluminación suave para crear un ambiente acogedor, pero evita colocar espejos frente a la cama, para que no se produzcan interferencias en el sueño.

— Los canapés o camas con almacenaje debajo no son aconsejables, ya que obstaculizan la circulación de energía. Si, por el contrario, ya tienes uno, este debe estar muy limpio y ordenado. Ventílalo al menos una vez al mes, asegúrate de que solo hay en él textiles y límpialo a menudo energéticamente. Y es que, en muchas ocasiones, en estos espacios se suele guardar de todo y las personas no descansan bien, se levantan malhumoradas y les cuesta avanzar en su día. Pero es normal, ya que duermen encima de un montón de energía estancada que no puede renovarse completamente durante la noche.

— Agrega elementos decorativos que tengan significado para ti y tu pareja, y que evoquen recuerdos positivos y felices, prevaleciendo siempre el orden y la limpieza.

— Haz una buena ventilación diaria, para que circule correctamente la energía.

— Es necesario tener un buen cabecero de madera para sentir estabilidad, protección y seguridad en nuestra vida, y debes evitar que la cama esté fuera de las corrientes de aire y energía que se generan estando situada entre una puerta y una ventana.

— En cuanto a la posición de la cama, lo ideal es que se apoye en una pared sin ventanas ni puertas, y que desde ella podamos ver la entrada al dormitorio, con el fin de sentirnos seguros y en calma. Tampoco debería dar esa pared a la pared de un baño o cocina, por la energía de los electrodomésticos y las cañerías de agua, pues con el tiempo ejercen gran fuerza energética en nuestro cuerpo, pudiendo incluso llegar a hacernos enfermar de manera recurrente.

— Asegúrate de que tus pies no apuntan en dirección a la puerta de esa estancia, ya que estarías recreando la «posición del muerto», una postura que atrae sentimientos de tristeza y desvalorización a tu vida que se materializarán rápidamente.

— Es importante no colgar nada encima de la cama, como estanterías, cuadros o espejos. Evita también lámparas grandes o los ventiladores de techo, ya que es como si una corriente sutil aplastara todos los puntos energéticos de nuestro cuerpo, perjudicándonos.

— Los aparatos eléctricos como la televisión y el móvil no son aconsejables en esta estancia, porque no solo afectan negativamente a la calidad del sueño, sino también a la relación de pareja.

— Cuidado con las imágenes al decorar tu dormitorio, ya que los cuadros tienen una relación directa con tu vida en pareja, actuando como un fuerte imán. Elige imágenes felices y, a poder ser, en las que no aparezcan animales con cornamentas o más de dos personas.

— El armario es un punto clave en esta estancia, ya que en los altillos o partes superiores normalmente se encuentran las cosas que no utilizamos diariamente, representando nuestro subconsciente y aportándonos en nuestro día a día pesadez, carga mental, etc. En el armario está nuestra ropa, la cual representa nuestra identidad, cómo nos sentimos con nosotros mismos y cómo nos presentamos al mundo. La ropa también contiene energía y su potencia se carga (en el capítulo de «Limpiezas energéticas» he destinado un apartado exclusivo a la ropa, para que aprendas a cuidar y limpiar tus prendas).

Salón

Cada espacio de nuestro hogar refleja un aspecto importante de nuestra vida, pues en ellos la energía fluye y se comparte. El salón, esa zona tan llena de vitalidad en nuestra casa, es testigo de interacciones diarias, de momentos familiares, de relaciones sociales, así como de momentos de relajación. A continuación, te dejo algunas pautas para optimizar la energía en esta estancia:

— Mantén la armonía en la disposición del mobiliario, con piezas bajas, para que no obstaculicen el paso de la luz natural y que esta fluya por toda la estancia.

— Evita colocar muebles o sofás delante de ventanas, balcones o puertas, con el propósito de que la energía pueda entrar fácilmente en la sala.

— Tampoco es conveniente colocar nada de peso en la pared donde esté apoyado el sofá, como estanterías, cuadros o espejos. Respecto a estos últimos, cuida su disposición en la estancia, ya que los espejos son perfectos si se colocan estratégicamente para exponer algo bonito, ampliar la luz de la estancia o reflejar a los comensales mientras comen (es un aspecto que atrae la abundancia), pero no podemos colocarlos enfocando una puerta o ventana, ni tampoco de modo que queden dos espejos enfrentados.
— Asegúrate de que las paredes no estén ni abarrotadas ni desnudas. Decóralas con cuadros, poniendo especial atención a las imágenes que hay en ellos, como ya hemos explicado anteriormente.
— Introduce elementos naturales, como plantas, para revitalizar y purificar el ambiente, siempre y cuando no cuelguen, no tengan pinchos, ni estén secas (en estos casos, es mejor no tenerlas).

Entrada

La entrada o vestíbulo es otro de los lugares más significativos de nuestra vivienda, ya que es por donde tu hogar se nutre de energía. Digamos que es la boca del *chi*, la energía vital que lo inunda todo, y por eso debe de ser acogedora y luminosa para recibir esta energía positiva.

Es importante que la entrada esté en perfecto estado y que no haya nada roto o deteriorado en ella. Aquí te comparto algunos consejos para favorecer que la energía fluya en ella:

— La puerta de acceso a tu casa debe de abrirse y cerrarse bien, sin que sea necesario ejercer fuerza sobre ella. Tampoco debe chocar contra la pared, crujir o emitir sonido alguno. Asimismo, es fundamental que la llave gire correctamente dentro del mecanismo de la cerradura, pues este simple gesto afectará a la entrada de oportunidades y a la abundancia del hogar.

— El recibidor, siendo un espacio *yang*, necesita luz natural. Si no es tu caso, lo resolveremos poniendo una lámpara de mesa auxiliar para crear un ambiente cálido y acogedor, de manera que sintamos un clima agradable al entrar en nuestro hogar.

— Considera descalzarte antes de entrar a casa, para evitar que la energía de la calle entre en tu hogar y se estanque. Es importante no colocar el zapatero en ese espacio. Puedes tener una cesta o caja de mimbre, por ejemplo, con tus zapatillas de casa, que te cambiaras rápidamente al entrar, pero después los zapatos los llevaremos a otro lugar, manteniéndolos siempre ordenados, favoreciendo la limpieza. Es esencial cuidar nuestros zapatos, ya que absorben mucha energía de todos los lugares que visitamos a diario. De esta manera, fomentaremos las oportunidades que nos brinda la vida.

— Evita en este espacio objetos rotos y plantas agresivas o puntiagudas, optando por plantas de hojas redondeadas a cada lado de la puerta principal. La planta de jade es mi preferida para esta zona.

— Un espejo es una buena idea decorativa, siempre que no refleje la puerta de entrada, una ventana o unas escaleras, puesto que la energía, conforme entra, volverá a salir y no se repartirá bien por el resto de la vivienda.

— Evita también colocar percheros detrás de la puerta principal o tras ninguna puerta de tu hogar, ya que sentiremos la carga emocional y física, y esa energía no nos dejará avanzar en nuestro día a día.

— Utiliza olores deleitosos, como los que irradian las flores frescas o los aceites esenciales. Los aromas son conductores de energía y, si optamos por esencias agradables para perfumar el vestíbulo, esa energía se distribuirá positivamente por todo tu hogar.

Piensa que la entrada a tu casa es la intersección entre tu vida interior y la exterior, y por donde la energía entra en tu hogar; por eso debe ser hermosa, vibrante y acogedora, permitiendo que la abundancia transite libremente.

Pasillos y escaleras

Los pasillos y escaleras actúan como los canales de circulación de energía en la vivienda, semejantes al sistema circulatorio en nuestro cuerpo. Para garantizar una distribución armoniosa de la energía y que beneficie a la salud, es esencial mantenerlos libres de obstrucciones y con una decoración simple. Ahí van algunos *tips*:

— Es importante evitar la acumulación de objetos que entorpezcan o dificulten el paso. Para que la energía no se estanque en esta zona, coloca plantas en las esquinas y elige colores neutros para aumentar la luminosidad.

— En los pasillos, la energía tiende a circular rápidamente, por lo que es recomendable colocar alfombras y elementos luminosos para ralentizar su flujo. Rehúye de los pasillos oscuros y sombríos, y cuelga cuadros o vinilos de manera asimétrica y a diferentes alturas.

— Si colocas un espejo, evita que refleje puertas o que esté al final del pasillo, ya que esto provocará choques energéticos que harán que la energía rebote en ellos continuamente.

— En el caso de las escaleras, conviene que no den directamente a la puerta de entrada. Para ello, puedes incorporar un pequeño *hall* entre ambas zonas.

— Es recomendable no colocar muebles grandes debajo de las escaleras, como escritorios, mesas de comedor o sofás, ya que nos oprimen nuestra energía y perjudica nuestra salud. También es aconsejable no almacenar objetos bajo ellas, para permitir un flujo energético libre.

Cocina

La cocina es un espacio vital en cualquier hogar, ya que es donde se almacenan los alimentos y se preparan las comidas, esenciales para nuestra salud y bienestar. Desde la perspectiva del *feng shui*, la cocina representa la prosperidad y la abundancia, por lo que mantenerla limpia y ordenada es fundamental para atraer energías positivas a tu vida.

Una cocina desordenada puede obstaculizar el flujo energético, afectando negativamente a la fortaleza y la placidez de los habitantes de la casa; por lo que se han de tener en cuenta una serie de directrices para eludir estancamientos vibracionales:

— Evita acumular objetos innecesarios que obstruyan el paso en la cocina y prioriza una decoración simple y armoniosa con elementos naturales, como las plantas.

— Es crucial mantener la cocina bien iluminada y ventilada, para permitir que la energía fluya libremente en ella. Evita que la puerta del cuarto de baño esté cerca o frente a la de la cocina, para no desvitalizarla; si es el caso en tu hogar, mantén siempre la puerta del servicio cerrada.

— Utiliza regularmente todos los electrodomésticos, especialmente el horno, ya que un horno apagado no contribuye a generar prosperidad. Limpia regularmente los quemadores de los fogones y las bandejas del horno, para asegurar un flujo energético positivo y atraer la abundancia. De hecho, si queremos mover rápidamente la economía en nuestro hogar, una buena táctica es dejar tu horno reluciente.
— Añade elementos que simbolicen la prosperidad y sean un fuerte imán para la abundancia, como frutas frescas en un frutero o tarros transparentes, con pasta, legumbres, semillas, frutos secos, etc., en estanterías a la vista, evitando siempre comida caducada o en mal estado.
— Con respecto a la decoración, procura que no sea demasiado fría; si da esa sensación, dale un toque acogedor que haga esta estancia más cálida.
— El orden es fundamental: guarda los objetos que no uses a menudo y asegúrate de que la encimera está siempre despejada, ya que, además de aportarte paz visual, hará que la energía circule sin obstáculos.
— Elimina de la vista cualquier objeto punzante, como cuchillos, tijeras, etc. Y también, todos los medicamentos que podamos tener al alcance en esta estancia, porque ya sabemos que atraemos lo que vemos, y si eso es lo que focalizamos cada mañana al desayunar, inevitablemente enfermaremos.
— Usa todo lo que guardas en tu cocina: vajilla, cubiertos, mantelería, cristalería, etc. No deberíamos tener las vitrinas ocupadas para almacenar objetos que no se utilizan nunca.
— La mesa debe considerarse un lugar sagrado para la alimentación y la reunión familiar, por lo que has de mantenerla despejada y lista para ser utilizada, evitando dejar objetos innecesarios en ella, como papeles, facturas, etc. Honra este espacio como un símbolo de nutrición física, emocional y relacional.

En resumen, una cocina ordenada, bien iluminada y decorada con elementos que simbolicen la prosperidad puede contribuir en gran medida a mejorar la salud y el auge en el hogar.

Baño

El baño es una estancia básica en cualquier hogar, ya que es el espacio donde llevamos a cabo nuestras rutinas de higiene y eliminación, liberando tanto física como energéticamente lo que no necesitamos; por eso es la zona de la casa con la vibración más baja, y de ahí que requiera tantos cuidados. Para equilibrar la energía del baño y crear un ambiente armonioso, es importante seguir algunas pautas simples pero efectivas:

— Controla la humedad manteniendo el baño bien ventilado, con extractores de aire o abriendo ventanas regularmente para evitar que la energía se estanque.
— Utiliza luces suaves y cálidas para crear un ambiente relajante y acogedor, evitando la iluminación demasiado brillante o fría que pueda afectar negativamente.
— Añade plantas para purificar el aire y revitalizar el espacio, manteniendo una energía fresca y positiva.
— Mantén una limpieza regular para eliminar la energía pesada y estancada, proporcionando un ambiente íntimo y tranquilo donde sentirte cómodo y relajado.
— Coloca un cuenco con sal para absorber la humedad y las malas energías que puedan acumularse en el baño.
— Revisa regularmente que los desagües funcionen correctamente, que no están atascados, y comprueba que el agua circule rápida y libremente, evitando bloqueos que puedan alterar la energía del espacio.
— Cierra siempre la tapa del váter y pon el tapón en el lavabo para evitar las pérdidas de energía vital cada vez que se utiliza agua. De hecho,

es aconsejable tener detalles que compensen, como una planta, un mikado, un difusor de aceites esenciales, velas aromáticas, etc.
— Mantén la puerta del baño siempre cerrada, con el fin de contener la energía de esa estancia, debido a su baja frecuencia energética.

Buhardilla y sótano: energías ocultas en tu hogar

La buhardilla y el sótano son espacios en nuestra casa que a menudo pasan desapercibidos, pero tienen un impacto significativo en nuestra energía y bienestar. Ambas zonas necesitan ser tratadas con atención y cuidado para mantener un equilibrio energético en nuestro hogar.

La buhardilla, situada en lo alto de la casa, simboliza la conexión con lo celestial y lo espiritual. Sin embargo, también puede representar preocupaciones o cargas que pesan sobre nuestra cabeza. Este espacio tiende a acumular cosas que ya no necesitamos pero que aún no estamos listos para dejar ir. Cuando el ático está desordenado, puede crear una sensación de opresión y peso sobre nosotros, afectando principalmente a nuestra claridad mental. Mantener esta zona limpia, ordenada y bien iluminada nos ayuda a llevar a cabo nuestras aspiraciones y a abrirnos a nuevas posibilidades.

El sótano, por otro lado, se encuentra bajo tierra y representa el subconsciente, los aspectos más profundos y ocultos de nuestra psique. Aquí es donde almacenamos recuerdos, emociones reprimidas y problemas no resueltos del pasado. Un sótano desordenado puede reflejar un estado de estancamiento en nuestra vida, donde nos sentimos atrapados en viejos

patrones que no nos dejan seguir adelante. Al limpiar y organizar el sótano, podemos liberar esta energía obstruida y permitirnos avanzar con mayor fluidez en nuestra rutina.

Tanto la buhardilla como el sótano son considerados espacios realmente íntimos, conectados con nuestro yo más profundo; por ello se recomienda reorganizar estas estancias al menos una vez al año, desechando lo que nos mantiene atrapados en el pasado y conservando lo que aún tiene un uso o un sentido en nuestro presente; de esta manera, solo almacenaremos lo estrictamente necesario, sin llegar a la aglomeración. Es sorprendente cómo podemos llegar a acumular cosas, pero nos hemos acostumbrado tanto a ellas que ni siquiera las tenemos en cuenta, perdiéndose en los lugares más recónditos de nuestro hogar, y solamente cuando hacemos reformas o mudanza en casa somos conscientes de su permanencia junto a nosotros.

Al implementar los principios del *feng shui* en tu hogar, propiciarás armonía y prosperidad en cada rincón. Recuerda que cada cambio que hagas, por pequeño que sea, resonará en tu vida de forma inesperada y positiva, multiplicando sus efectos reconfortantes.

Limpieza energética

4

Limpieza energética

QUÉ ES UNA LIMPIEZA ENERGÉTICA Y CÓMO PUEDE AYUDARNOS EN NUESTRO DÍA A DÍA

Una limpieza energética es un proceso mediante el cual se eliminan las energías negativas o estancadas de un espacio, objeto o persona para restaurar el equilibrio y la armonía. Igual que limpiamos físicamente nuestra casa para mantenerla ordenada y saludable, también es importante limpiar las energías que se acumulan con el paso del tiempo.

Y es que, a lo largo del día, nuestras casas, objetos y nosotros mismos absorbemos diferentes energías. Algunas son positivas y nos benefician, mientras que otras pueden ser negativas y afectarnos más profundamente. Es una especie de alquimia que puede transformar todos los aspectos de nuestra vida.

Las energías negativas pueden venir de situaciones estresantes, conflictos, visitas de personas con energías pesadas y un largo etcétera. A través de las limpiezas energéticas, disipamos estas energías negativas, permitiendo que la energía positiva fluya libremente.

¿Y cómo puede ayudarnos esto en nuestro día a día?

— **Bienestar emocional y físico:** un ambiente con energía limpia y equilibrada promueve la paz, la calma y el bienestar general.
— **Armonía en el hogar:** una limpieza energética realizada de manera regular puede mejorar la relación entre los habitantes de la casa.
— **Aumento de la productividad y la creatividad:** un espacio con buena energía puede inspirar creatividad y mejorar notablemente la concentración.
— **Salud:** puede contribuir a una mejor salud física y mental.

Realizar una limpieza energética regularmente es una práctica sencilla pero poderosa que puede transformar tu hogar en un lugar de paz y bienestar. Vamos a explicar ahora algunos momentos clave en los que es recomendable llevar a cabo esta práctica.

MOMENTOS IMPRESCINDIBLES EN LOS QUE HACER UNA LIMPIEZA ENERGÉTICA

Existen multitud de ocasiones en las que es beneficioso realizar una limpieza energética, pero lo más importante es que cualquier momento en el que lo desees o lo sientas necesario será perfecto para ello. Sin embargo, hay ciertos momentos o situaciones en los que se vuelve indispensable realizarla.

— **Después de una enfermedad:** cuando alguien en casa ha estado enfermo, la energía residual puede ser densa y estar estancada. Limpiar el espacio ayuda a eliminar cualquier energía negativa y a promover la recuperación.
— **Después de una discusión o un evento estresante:** las discusiones y situaciones estresantes pueden dejar una carga energética negativa en el hogar. Realizar una limpieza energética ayuda a restaurar la energía y a disipar la tensión.
— **Antes de empezar un nuevo proyecto:** si vas a empezar un nuevo proyecto o etapa en tu vida, o quieres dar un giro en un área en

concreto a cualquier nivel (amoroso, personal, laboral, etc.), una limpieza energética puede crear un entorno propicio y lleno de energía para los nuevos comienzos, ayudando a dar ese impulso que tanto necesitas.

— **Al mudarse a una nueva casa:** es crucial limpiar energéticamente un nuevo hogar, ya sea de construcción nueva o previamente habitado. De esta forma se eliminará la energía residual de anteriores residentes o de las personas que han podido trabajar en su construcción (problemas, pensamientos negativos, desacuerdos, etc.), asegurando que el espacio empieza de cero para albergar tu propia energía. En muchas culturas es impensable mudarse a una vivienda sin haber hecho previamente una limpieza, ya que a veces la energía continúa formando patrones de comportamiento relacionados con los ocupantes anteriores. Lo mismo pasa con un negocio o empresa.
— **Regularmente:** para mantener el equilibrio y la armonía en el hogar, es importante realizar limpiezas energéticas de manera regular; al menos deberíamos hacerlas una vez por semana. Para ello, empleo muy a menudo inciensos y aceites esenciales. Es un proceso muy rápido y ayuda a evitar la acumulación de energía negativa o estancada.

Otros momentos recomendables para realizar una limpieza energética:

— **Al adquirir objetos de segunda mano:** cuando compras un mueble, una joya o una prenda de ropa de segunda mano, es vital limpiarlo energéticamente. Estos objetos pueden llevar la energía residual de sus anteriores propietarios, lo que podría afectar a la energía de tu espacio y a la tuya propia.
— **Después de un divorcio o un acontecimiento traumático:** momentos como un divorcio, la muerte de un ser querido o cualquier suceso traumático pueden dejar una carga emocional negativa. Limpiar el espacio ayuda a liberar el dolor, la tristeza y la negatividad acumulada.
— **Antes de una celebración importante:** realizar limpiezas energéticas previamente a una boda, un cumpleaños, cualquier aniversario, la llegada de un miembro más a la familia, etc., aportará claridad y luz a los nuevos acontecimientos.

— **Durante cambios estacionales:** el solsticio de invierno o el comienzo de la primavera son momentos ideales para realizar una limpieza energética. La primavera en particular, con su abundancia de nueva vida, es perfecta para renovar la energía de tu hogar.
— **Si eres terapeuta, psicólogo o trabajas con muchos clientes**, es recomendable realizar una limpieza energética entre cliente y cliente, o al menos a primera hora del día, para mantener el espacio limpio y equilibrado.
— **Al cambiar la distribución de los muebles:** cada vez que reorganizas el mobiliario de tu hogar o cambias la distribución de tu espacio, es un buen momento para realizar una limpieza energética, pues esto aportará energía fresca y positiva a tu espacio.

PASOS ANTERIORES A LA LIMPIEZA

Antes de realizar una limpieza energética, es fundamental tener presentes algunos aspectos para asegurarnos de que el proceso sea efectivo y obtener así los mejores resultados:

Enfoque mental y emocional

1. **Despejar la mente:** es importante no estar pensando en tus preocupaciones diarias o en problemas mientras realizas la limpieza. Dedica este tiempo exclusivamente a tu hogar y su energía.
2. **Respeto y trabajo interior:** limpiar el espacio implica hacerlo con gran respeto y dedicación personal. El trabajo interior y la intención clara mejorarán los resultados, haciéndolos más efectivos y duraderos.
3. **Sin miedo, pero preparado:** no tengas miedo al realizar una limpieza energética, pero, si no te sientes preparada, considera otras alternativas o busca ayuda en un profesional. Con el tiempo, ganarás confianza y disfrutarás más del proceso.

Preparación personal

1. **Estado emocional y mental:** es fundamental que te sientas bien, con ánimo y segura de ti misma. Realiza la limpieza solo cuando te encuentres en un estado emocional positivo y tranquilo. Si te sientes angustiada o estás preocupada es mejor posponer la limpieza para otro momento.
2. **Accesorios personales:** antes de realizar la limpieza energética, quítate relojes, joyas, anillos y pulseras. Estos objetos se cargan muy rápidamente con energía y, si los llevas durante la limpieza, luego deberás limpiarlos por separado.
3. **Sintoniza con el espacio:** déjate guiar por la energía del espacio y las indicaciones que te dicte tu corazón. No hay normas estrictas ni protocolos a seguir; quien limpia el espacio eres tú y tu intuición es la que manda. Tómate un momento para sintonizar con cada habitación y sentir su energía antes de comenzar.

Preparación de herramientas

1. **Ten preparado todo lo que vayas a utilizar:** velas, inciensos, aceites esenciales, atados de hierbas, etc. Tener todo a mano te permitirá concentrarte realmente en tu tarea sin interrupciones.
2. **Conexión e intención:** la intención es el motor principal de la limpieza energética. Reflexiona sobre tu propósito y define con claridad lo que deseas lograr con ella, alineando así la energía con tu objetivo.
3. **Afirmaciones y mantras:** repite una frase, mantra o afirmación que reafirme el trabajo que estás haciendo.
   Por ejemplo:

«Limpio este espacio de toda energía negativa y abro las puertas a la paz y a la armonía».

«Purifico este lugar de cualquier energía estancada y permito que la luz y la prosperidad fluyan libremente».

«Libero mi hogar de todas las vibraciones negativas y lo lleno de paz, equilibrio y bienestar».

«Transformo la energía de esta estancia, invitando a la alegría, la armonía y la abundancia a entrar».

«Mi hogar está lleno de energía fortalecedora, amor en expansión e increíble fuerza vital».

4. **Cierre y agradecimiento:** al terminar la limpieza, puedes expresar esta afirmación: «Que los beneficios de esta limpieza continúen durante los próximos meses. Que la maravillosa energía positiva que se ha infundido en este hogar traiga felicidad, comodidad y momentos bonitos y especiales a todos».

Preparación del espacio

1. **Despejar el espacio:** como ya hemos hablado en el capítulo anterior de «Orden y minimalismo consciente», la limpieza energética es más poderosa cuando el espacio está ordenado y despejado físicamente. Visualiza el área como un lugar alegre, vibrante y luminoso.
2. **Rompe la energía estancada:** una pregunta que recibo muy a menudo es qué forma es la más eficaz para moverte al realizar la limpieza, si en sentido de las agujas del reloj o al contrario. Y te diré que es indiferente. Hay personas que necesitan seguir un orden establecido y estricto para hacerlo, pero mi consejo es que te dejes guiar y fluyas como más cómoda te sientas. Esto hará que estés más relajada y disfrutes más del momento. La energía de tu hogar te guiará. Muévete lentamente y en silencio.
3. **Trabaja de los pisos inferiores a los superiores:** comienza la limpieza en los pisos inferiores y avanza hacia los superiores. Esto ayuda a mover la energía hacia arriba y facilita su liberación.
4. **Momento más propicio:** cualquier momento del día es propicio para hacer una limpieza energética. Hazlo cuando sientas que es

el momento adecuado, tanto si es de día como si es de noche. Pero, si hemos de escoger un mejor momento del día para ello, sería a primera hora de la mañana, concretamente entre las seis y las doce; ahí es cuando la energía está más fresca y vibrante. Abre todas las ventanas para que el sol entre y lo inunde todo con su luz y energía.

El tiempo y el esfuerzo que dediques en tu hogar a implementar todos estos cambios multiplicarán la energía positiva en tu vida. Recuerda que la limpieza energética es una práctica poderosa que puede transformar profundamente tu bienestar y el de tu hogar.

LAS FASES LUNARES

La luna tiene una influencia significativa en diferentes aspectos de nuestra vida, incluyendo la realización de rituales y limpiezas energéticas. Cada fase lunar tiene características únicas que pueden potenciar diferentes tipos de trabajos energéticos.

Vamos a ver las distintas fases lunares y cómo aprovechar cada una de ellas.

Luna **Nueva**

Marca el inicio del ciclo lunar. La luna está completamente oscura y no refleja ninguna luz, por lo que es el momento perfecto para poner atención a nuestros sentidos y sentirnos cómodas en nuestros espacios.

Estos son algunos rituales que puedes poner en práctica durante esta fase lunar:

— Iniciar proyectos o pensar en nuevos comienzos.
— Pasar tiempo a solas, buscar en tu interior, reflexionar.
— Plantar las semillas de futuros proyectos que desees alcanzar. Visualízate como si ya los tuvieras.
— Establecer metas y objetivos.
— Realizar limpiezas energéticas para despejar el camino hacia nuevos horizontes.
— Darte un baño energético.
— Dejar ir todo lo que ya no te sirve en tu momento actual. Visualízalo, escríbelo en un papel y destrúyelo. Siente rápidamente la energía de cómo te liberas de ello.

Luna **Creciente**

Durante esta fase, la luna va creciendo y aumentando su luz cada noche para llegar a su momento más importante, el cuarto creciente. Es un momento perfecto para el crecimiento, desarrollo y acción, y para alinearnos con nuestros propósitos.

Estos son algunos rituales que puedes poner en práctica durante esta fase lunar:

— Desarrollar proyectos y hacer crecer ideas.
— Efectuar rituales que requieran energía adicional.
— Potenciar la atracción de cosas positivas a tu vida.
— Tomar decisiones importantes.
— Realizar limpiezas energéticas para eliminar bloqueos y obstáculos.
— Hacer afirmaciones positivas.
— Llevar a cabo rituales dirigidos a atraer abundancia, prosperidad económica, y también para abrir caminos.

Luna **Llena**

Es la fase más poderosa del ciclo lunar. La energía está en su punto máximo, lo cual constituye un momento de culminación, realización y celebración.

Estos son algunos rituales que puedes poner en práctica durante esta fase lunar:

- — Cargar tus cristales, tarots, oráculos y amuletos a la luz de la luna.
- — Cuidarte, mimarte y meditar.
- — Manifestar deseos y culminar proyectos.
- — Realizar rituales de agradecimiento y celebración.
- — Hacer limpiezas energéticas profundas y completas.
- — Recolectar agua de luna para llevar a cabo tus prácticas.

Luna **Menguante**

En esta fase, la luna empieza a disminuir su luz, es cada vez menos visible, hasta que llega a la luna nueva y comienza un nuevo ciclo. Representa un tiempo de reflexión, introspección y liberación.

Estos son algunos rituales que puedes poner en práctica durante esta fase lunar:

— Dejar ir lo que ya no sirve para tu propósito.
— Hacer limpieza de energías negativas y estancadas.
— Tirar o donar objetos físicos que ya no necesites.
— Limpiar y ordenar tu espacio.
— Realizar rituales de purificación y liberación.

DIAGNÓSTICO ENERGÉTICO DEL HOGAR: UTILIZANDO **EL TEST DE SAL**

El test de sal es una técnica sencilla y eficaz para evaluar la energía de un área específica en tu hogar. Este método te permitirá identificar la calidad energética de un lugar concreto, ayudándote a tomar decisiones sobre posibles limpiezas energéticas y ajustes en el espacio.

Materiales necesarios

Para realizar este test de sal, necesitarás:

— Sal marina gruesa (no sirve sal fina, de Himalaya u otros tipos).
— Agua a temperatura ambiente.
— Un plato.
— Un vaso de cristal.
— Una cucharilla.

Es fundamental recordar que todos los materiales empleados para realizar las limpiezas energéticas deben ser utilizados exclusivamente para este propósito. No destines estos elementos para cocinar o para uso personal. Mantener estos materiales separados te garantiza que las energías negativas y densas no se transfieran a otros aspectos de tu vida cotidiana. Dedica un conjunto específico de utensilios solo para tus prácticas energéticas, asegurando así su eficacia y pureza.

Pasos para realizar el test de sal

Preparación

Toma un vaso de cristal y llena aproximadamente dos tercios de su capacidad con sal marina gruesa. La cantidad exacta no es crucial; lo importante es que la sal y el agua queden al mismo nivel.

Añade agua a temperatura ambiente al vaso, hasta que el nivel del agua esté a ras con la sal. Asegúrate de que ambos ingredientes estén equilibrados en el vaso.

Remueve la mezcla con ayuda de una cucharilla.

Colocación

Coloca el vaso con la mezcla sobre un plato. Esto ayudará a proteger la superficie donde pongas el vaso.

Elige un lugar específico en tu hogar que desees testar. Recuerda que este método evalúa la energía de una zona muy concreta, no de una habitación entera.

Coloca el plato con el vaso en el lugar seleccionado. Es importante que el vaso no se mueva durante el periodo en el que llevemos a cabo el test, así que elige un lugar seguro y donde no estorbe.

Periodo de espera

Deja el vaso en su lugar entre diez y quince días. La duración exacta dependerá de la energía presente en esa zona; en algunos casos, los resultados pueden aparecer más rápidamente o tomar un poco más de tiempo.

Consideraciones importantes

— **Zona específica:** este test está diseñado para evaluar la energía de un punto concreto en tu hogar, no de una habitación completa. Si deseas evaluar varias áreas, considera preparar múltiples vasos y distribuirlos por las distintas zonas.

— **Variedades del test:** existen muchas versiones y técnicas diferentes para realizar un test de sal. La versión aquí descrita es mi favorita y ha sido probada eficazmente durante años.

— **Ambiente seguro:** durante este tiempo, es crucial que el vaso no sea movido. Si tienes mascotas o niños pequeños, asegúrate de colocar el vaso en un lugar seguro, fuera de su alcance.

Una vez que haya transcurrido el tiempo necesario, es hora de observar los resultados del test de sal. En el próximo apartado te explicaré cómo interpretar los cambios en la mezcla y qué acciones puedes tomar según los resultados obtenidos.

Interpretación de los resultados del test de sal

Como ya hemos explicado anteriormente, el test de sal es una herramienta útil para evaluar la energía de un área determinada de tu hogar. La forma en la que la sal cristaliza y el agua se evapora te dará indicios sobre el estado energético del espacio.

A continuación, te explico cómo interpretar los resultados:

Energía equilibrada

— Descripción: la sal cristaliza en cuadrados perfectamente definidos, cada uno con una cruz en su interior.

— Interpretación: esta es una señal de que la energía en esta zona está equilibrada y en armonía. El espacio no requiere de intervención adicional.

Energía desequilibrada

— Descripción: la sal sube ligeramente por las paredes del vaso o se forman leves irregularidades en la superficie.

— Interpretación: la energía en esta área está desequilibrada. Aunque no es una situación grave, sería beneficioso realizar una limpieza energética para restaurar el equilibrio.

Energía estancada

— Descripción: la sal sube por las paredes del vaso y rebosa, llegando a manchar el plato que está debajo. También pueden formarse montones irregulares de sal en la superficie.

— Interpretación: este es un claro indicio de energía estancada. La energía en esta zona es densa y negativa, lo que requiere de una limpieza energética profunda para liberar y revitalizar el espacio.

Pasos a seguir después de realizar el test de sal

1. **Desecha la mezcla.** Después de interpretar los resultados, desecha la mezcla de sal y agua. Puedes tirarla a la basura y sacarla de casa. En algunos casos, la mezcla puede haberse solidificado demasiado. Si es así, añade un poco de agua para reblandecerla y tírala por el inodoro.
2. **No manipules la mezcla.** Es importante tocar la mezcla lo menos posible con las manos para evitar absorber energía negativa. Puedes usar guantes si es necesario para manejar el vaso y la sal.
3. **Limpia los recipientes.** Enjuaga bien el vaso y el plato utilizados con agua y jabón. Deja secar los recipientes al aire libre antes de guardarlos.
4. **Haz un uso exclusivo de los materiales.** Guarda los recipientes utilizados solo para futuros trabajos energéticos. No los emplees para otros fines, como cocinar o para uso personal.
5. **Lleva a cabo una supervisión continua.** Después de la limpieza, puedes repetir el test tantas veces como consideres necesario para verificar si la energía ha mejorado y mantener la armonía en tu hogar.

Según los resultados del test, es momento de proceder con una limpieza energética adecuada para equilibrar o revitalizar el espacio. Es fundamental abordar las áreas con energía estancada o desequilibrada para mantener la armonía y el bienestar en tu hogar.

En el próximo apartado exploraremos en profundidad las diferentes técnicas de limpieza energética que puedes implementar, detallando los materiales necesarios y los pasos a seguir para realizarlas de manera efectiva. De esta forma, podrás elegir el método más adecuado para cada situación y mantener tu hogar lleno de energía positiva y vitalidad.

Limpiezas energéticas: métodos y técnicas

5

Limpiezas energéticas: métodos y técnicas

En este apartado, exploraremos en profundidad las diferentes formas de realizar limpiezas energéticas en tu hogar, permitiendo que la energía fluya libremente y favoreciendo el bienestar de sus habitantes.

La mejor manera de decidir qué tipo de limpieza energética hacer y cuándo realizarla es usar tu intuición. No hay una regla básica y común para todos, ya que dependerá en gran medida de las circunstancias que se estén produciendo en tu hogar y en tu vida en ese momento. Fusionarnos con la naturaleza e introducir los recursos que nos ofrece para equilibrar nuestros espacios, es fundamental.

Por eso, vamos a estructurar este apartado basándonos en los cuatro elementos: agua, fuego, tierra y aire. Cada elemento tiene sus propias técnicas y materiales específicos que pueden utilizarse para trabajar la energía de tu hogar. Cuando hablamos de «técnicas de limpieza energética», nos referimos a rituales con los que cambiar y transformar la energía de un espacio. De hecho, realizamos rituales constantemente y sin darnos cuenta.

En este apartado conoceremos diferentes métodos, desde los más sencillos hasta los más elaborados, para que puedas elegir el que más resuene contigo o mejor se adapte a tus circunstancias.

ELEMENTO **FUEGO**

El fuego ha sido un símbolo poderoso de transformación y purificación a lo largo de la historia y en diversas culturas. Desde tiempos antiguos, ha sido utilizado no solo como fuente de calor y luz, sino también como herramienta esencial en rituales de limpieza y renovación energética. Las llamas tienen la capacidad de consumir, purificar y transformar, lo que las convierte en un elemento perfecto para eliminar energías negativas. En muchas tradiciones espirituales y esotéricas, el fuego es venerado por su capacidad para transmutar lo viejo en nuevo, ofreciendo una manera profunda y efectiva de renovar la energía de un espacio.

El poder de las plantas

Las plantas han sido utilizadas desde tiempos ancestrales por sus propiedades energéticas y curativas. Al ser quemadas, liberan sus esencias y ayudan a purificar el ambiente.

Estas plantas las podemos encontrar o hacer uso de ellas de dos formas diferentes: en forma de atado seco o en hierbas sueltas. Aunque también puedes tener tu propio huerto mágico y cultivarlas en casa. De ambas formas tu hogar se beneficiará de sus propiedades, pero te permitirá adaptar tus prácticas a las necesidades específicas de tu hogar y situación.

- **Atado de hierbas: ramos de plantas secas agrupados y atados con hilo. Puedes comprarlos ya hechos o prepararlos tú (a continuación, te explico cómo). Están listos para ser quemados y son perfectos para una limpieza rápida y efectiva. Aquí te muestro algunos de los atados más comunes y sus usos:**

— **Salvia blanca:** es la planta de limpieza más conocida mundialmente por su capacidad para purificar el ambiente y eliminar energías negativas y malas vibraciones, aportando paz y claridad.
— **Ruda:** es apreciada por sus propiedades protectoras y su capacidad para limpiar energías negativas y estancadas.
— **Romero:** es conocida por ser una hierba de limpieza y purificación muy potente. Tiene un aroma fresco y estimulante que ayuda a revitalizar el espacio y a mejorar la concentración.
— **Lavanda:** calma y relaja el ambiente aportando serenidad, felicidad y energía positiva a tu hogar. Se suele usar para limpiar, proteger espiritualmente y elevar la vibración del espacio.
— **Cedro:** limpia la energía negativa y protege el espacio, promoviendo la seguridad y la estabilidad. Uno de sus usos tradicionales es limpiar la energía negativa de un hogar antes de entrar a vivir en él.
— **Sangre de dragón:** se trata de una resina específica aplicada a los atados de salvia blanca, tiñéndolos de color rojo para potenciar todavía más sus propiedades. Es muy potente y se usa en limpiezas energéticas profundas para eliminar energías negativas fuertemente arraigadas en nuestro hogar.

- **Hierbas secas: una opción versátil que te permite crear mezclas personalizadas para tus rituales de limpieza. Las venden en botes ya preparados para tal fin, aunque también puedes cultivarlas tú en casa, secarlas y tenerlas listas para tus limpiezas. Se pueden quemar sobre carbón previamente encendido y así liberarán su humo.**

Aparte de la salvia blanca, romero, ruda y lavanda, de las que ya hemos hablado anteriormente, también podemos cultivar otras muchas plantas en nuestro hogar y tener nuestro huerto mágico con innumerables propiedades. Algunas de esas plantas pueden ser las siguientes: albahaca, tomillo, hierba de San Juan, laurel, ajo o incienso.

coloca un ramillete
de esta planta
tras la puerta de casa para
alejar la energía
negativa
de tu hogar
Llévala
junto a ti para
alejar
las malas
vibraciones
eleva la
vibración
de tu espacio
aportando
energía positiva
Llévala
contigo para
aportarte
energía
renovadora
ofrece
Protección
en el hogar y se utiliza
en numerosos rituales
Hierba de San Juan
(Hypericum perforatum)

atrae la
suerte y
buenas energías
se utiliza en rituales
para atraer
Abundancia y
fortuna
en cualquier ámbito
de nuestra vida
Limpieza
energetica
de tu hogar
es una planta que
por sí sola aporta
Prosperidad y
Abundancia
al hogar
Protección
se la ofrece
tanto a la casa
como a sus
habitantes
acompaña al
cumplimiento de
deseos
Incienso
(Plectracthum coleoides)

guarda sus flores
en una bolsa de teta blanca
bajo la almohada
para
conciliar el sueño
y atraer
energía positiva
se relaciona con
lo afrodisiaco,
el amor,
la felicidad y
la armonía
es una planta
muy recurrida y fácil
de encontrar, con la que
podemos
sustituir
cualquier otra planta
más difícil de encontar
para hacer nuestros
riyuales
se emplea en
rituales para
fortalecer la
autoestima
se emplea en
rituales relacionados
con
el amor,
protege de
energía
negativa
tanto el hogar como
a sus habitantes
Lavanda
(Lavandula Angustifolia)

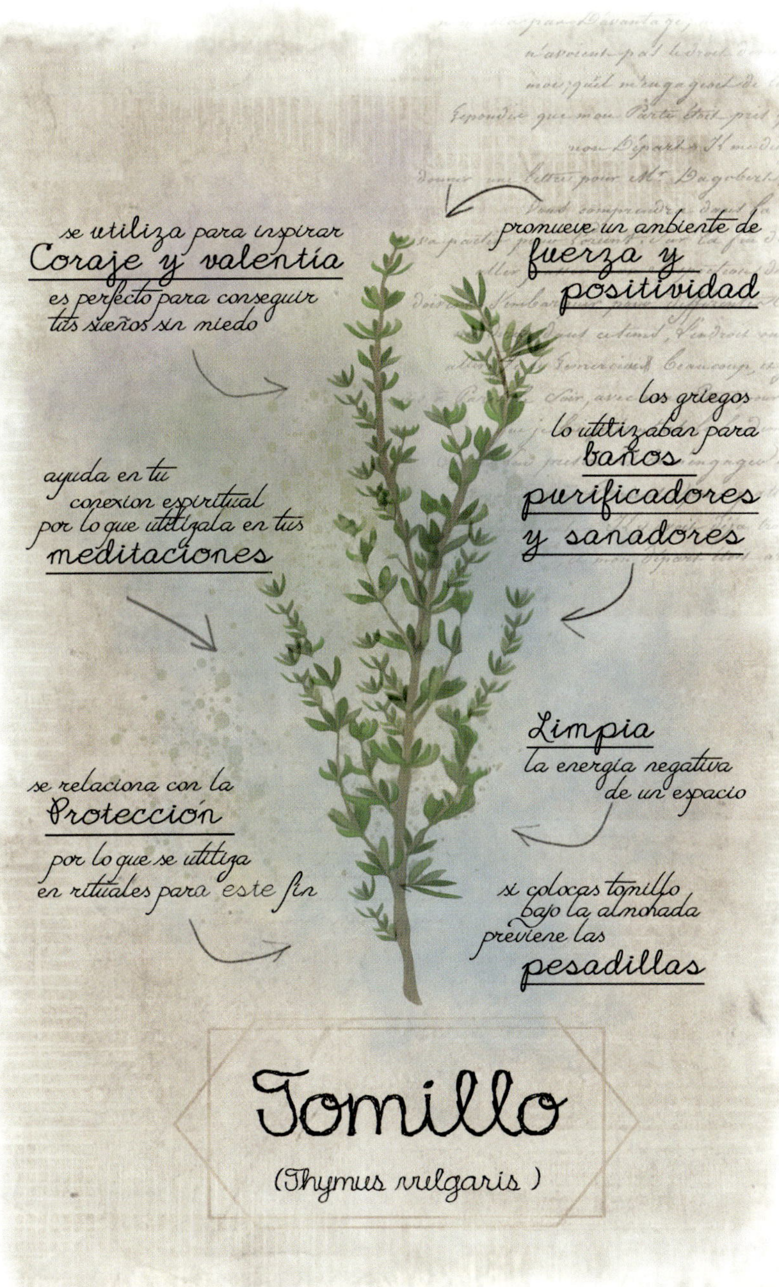
se utiliza para inspirar
Coraje y valentía
es perfecto para conseguir
tus sueños sin miedo
promueve un ambiente de
fuerza y
positividad
ayuda en tu
conexion espiritual
por lo que utilizala en tus
meditaciones
los griegos
lo utilizaban para
baños
purificadores
y sanadores
Limpia
la energía negativa
de un espacio
se relaciona con la
Protección
por lo que se utiliza
en rituales para este fin
si colocas tomillo
bajo la almohada
previene las
pesadillas
Tomillo
(Thymus vulgaris)

simboliza el éxito
por eso a los vencedores y emperadores de la antigua Roma se les coronaba con ello
es una buena alternativa si en ese momento no tenemos salvia blanca o palo santo
se usa como Amuleto
poniendo unas hojas en la puerta de la casa para proteger el hogar
imán para la fortuna buena suerte y éxito
sahuma tu casa con laurel y limpia la energía estancada que hay en ella
se usa en rituales de Abundancia
potente protector y purificador energético
se usa en rituales de Protección
Laurel
(PLaurus Nobilis)

se asocia con la
renovación y
trasformación
espiritual
Purifica
el ambiente
se relaciona con la
protección
el amor y
la amistad
Revitaliza
energeticamente
el espacio
aporta
claridad mental
mejora la
concentración
y la memoria
elimina
energías negativas
Romero
(Salvia Rosmarinus)

la planta de limpieza
más conocida
mundialmente
por su capacidad de
purificar
el ambiente
se utiliza para trabajar la
meditación,
conexión personal,
energética y
espiritual
elimina
energía
negativa
y malas
vibraciones
en ambientes y personas
muy utilizada en
medicina natural
aporta
paz y
relajación
Salvia blanca
(Salvia apiana)

ayuda a desarrollar y trabajar
la fuerza de voluntad
aportando ese empuje necesario
atrae la
prosperidad
económica
al hogar
ayuda en
el desarrollo de un
objetivo
laboral
aporta
éxito
en nuestros
objetivos y proyectos
se utiliza en rituales
relacionados con la
fertilidad
y la atracción sexual
es recomendable
utilizarla si queremos
desarrollar algún
objetivo material
Albahaca
(Ocimun basilicum)

planta con mucha
fuerza energética
perfecta para tener en casa
se suele usar en rituales para lograr conseguir lo que nos propongamos, aportándonos
Valor y autoestima
para lograrlo
sirve para romper posibles
trabajos de Magia
realizados en contra de alguien
planta dedicada a la
Protección
Ajos
(Allium sativum)

Forma de uso

Coloca una pequeña cantidad de plantas previamente secadas en un recipiente resistente al calor. A continuación, y con ayuda de unas pinzas para no quemarte, enciende un carbón y pon encima más cantidad de plantas secas. Deja que el humo llene el espacio.

Cómo hacer tus propios atados de hierbas

Como ya hemos visto anteriormente, los atados de hierbas son una herramienta poderosa para la limpieza energética en el hogar. Aunque puedes comprarlos en tiendas especializadas, hacerlos tú misma te permite conectar con la naturaleza, personalizar el proceso y darle una atención especial. A continuación, te guiaré paso a paso para hacerlo correctamente, desde la recolección hasta su secado y uso.

- MATERIALES NECESARIOS:
  — Plantas secas. Puedes elegir una sola planta o una mezcla de varias.
  — Hilo de algodón o cuerda natural: Asegúrate de que sea un material natural para mantener la pureza del atado.
  — Tijeras. Te servirán para cortar las hierbas y el hilo.

- PASOS PARA CREARLOS TÚ MISMA:
  1. **Reúne los materiales:** escoge las plantas que desees utilizar. El mejor momento para recolectarlas es el amanecer. Al acercarte a la planta, hazlo con respeto y gratitud. Coloca suavemente tus manos sobre la rama elegida y pide permiso para tomar una parte de ella. Como muestra de agradecimiento, ofrece un regalo a la planta en forma de un poco de agua.
  2. **Toma un manojo de plantas y organízalo** en la forma deseada, asegurándote de que las ramas estén alineadas.
  3. **Usa el hilo de algodón** o cuerda natural para atarlas firmemente y que quede bien compacto. Comienza desde la base y envuelve el hilo en espiral hacia el extremo, dejando un pequeño

lazo para facilitar el manejo y colgado del atado para su posterior secado.

4. **Secado:** cuelga el atado en un lugar seco y bien ventilado. Deja que se seque completamente antes de usarlo. Ten en cuenta que esto puede llegar a durar días e incluso semanas.
5. **Encendido:** una vez seco, estará listo para ser usado. Enciende un extremo del atado y deja que el humo se disperse por el espacio. Muévelo lentamente y de manera consciente, permitiendo que el humo purifique el ambiente.

Resinas sagradas: el alma del fuego

Las resinas son una herramienta ancestral utilizada en rituales de limpieza y purificación. Se trata de secreciones naturales obtenidas de la savia de ciertos árboles que se solidifican al contacto con el aire, siendo muy valoradas por sus propiedades aromáticas. Al quemarse, liberan un humo que se utiliza para limpiar espacios, objetos y personas de energías negativas.

Suelen venderse en forma de pequeñas piedras o gránulos según el tipo de árbol del que se extraen. Es importante para tus limpiezas usar ingredientes de la más pura calidad y procedentes de la naturaleza, en lugar de emplear materiales sintéticos, para amplificar sus efectos.

A continuación, te muestro algunos de los tipos más comunes de resinas y sus propiedades:

- **Incienso:** purificación, protección y elevación espiritual. Es una de las resinas más antiguas y conocidas, utilizadas en ceremonias religiosas y rituales espirituales. Su humo es altamente purificador y protector.
- **Mirra:** sanación, protección y conexión espiritual. Es otra resina sagrada ideal para limpiezas energéticas profundas.
- **Copal:** limpieza, conexión con lo divino y protección. Es excelente para purificar espacios.
- **Benjuí:** purificación, protección y prosperidad. Crea un escudo protector, amplificando la efectividad de otros rituales, y atrae la prosperidad.

Forma de uso

Enciende un carbón vegetal con ayuda de unas pinzas especiales para no quemarte y, cuando esté al rojo vivo y cubierto de ceniza blanca, ponlo en un recipiente o quemador resistente al calor. Coloca una pequeña cantidad de resinas sobre este y permite que el humo se disperse.

Las resinas transforman la energía del espacio, elevando la vibración y creando un entorno armonioso.

Inciensos: energía y purificación

Los inciensos en varilla consisten en una mezcla de resinas, hierbas, aceites esenciales y otros materiales aromáticos que se prensan alrededor de un palo delgado. Al encender la punta de la varilla, esta arde lentamente, liberando un humo purificador y elevando así la energía del entorno. Pero, además de las varillas tradicionales, también los podemos encontrar en diferentes formatos, dependiendo del uso y de tus preferencias:

- **Varillas:** el formato más común, fácil de usar y ampliamente disponible.
- **Bombitas:** pequeñas bolas que se queman rápidamente, ideales para limpiezas rápidas.

— **Conos:** se queman lentamente desde la punta hacia abajo, liberando un humo más denso.
— **Pirámides:** los inciensos en forma de pirámide ofrecen una combustión más lenta y uniforme.

Los inciensos son una herramienta versátil y eficaz para realizar limpiezas energéticas. Su facilidad de uso y su variedad de formatos los convierten en una de las opciones más elegidas. Aunque, si vas a comprar inciensos, te recomiendo que sean de calidad, completamente naturales y artesanales, ya que así multiplicarás sus efectos limpiadores y energéticos. Recuerda que siempre es un buen momento para encender una varilla, parar y respirar.

Tipos de inciensos y sus propiedades

— **Sándalo:** conocido por su capacidad para calmar y elevar la mente.
— **Lavanda:** utilizada para la relajación y la armonía.
— **Palo santo:** ofrece limpieza y protección espiritual.
— **Rosa:** atrae el amor y la energía positiva.
— **Mirra:** purifica y limpia el ambiente, aportando claridad y conexión espiritual.
— **Copal:** purifica el ambiente y realiza una limpieza profunda.
— **Ruda:** ofrece limpieza y protección en el hogar.
— **Canela:** aporta amor y abundancia, elevando la vibración del lugar.

Palo santo: la madera sagrada

El palo santo, conocido como «madera sagrada», es una madera aromática que proviene del árbol *Bursera graveolens* y se caracteriza por sus innumerables propiedades espirituales. Es importante que la madera que utilicemos para nuestras limpiezas sea de recolección sostenible, para que tenga todas sus propiedades. De esta forma, habrá sido recolectado de árboles que han muerto de forma natural y su madera ha reposado en el suelo durante varios años. Este proceso permite que los aceites esenciales y las propiedades aromáticas se concentren en la madera, haciendo que su aroma y sus propiedades se multipliquen.

Actualmente hay una moda en la que se explica que el palo santo no limpia, solo sella la energía del espacio, pero no es así. Desde tiempos ancestrales ha sido utilizado por diversas culturas indígenas en rituales de purificación para expulsar las energías negativas y atraer las positivas.

Forma de uso

— **Encendido:** sostén un extremo del palo y enciende el otro extremo con la ayuda de la llama de una cerilla o vela. Deja que la llama arda de diez a veinte segundos y luego agita fuertemente el palo para que la llama se apague (nunca soples).

— **Purificación del espacio:** mueve el palo santo en círculos a lo largo del espacio, enfocando tu atención en la limpieza. Recuerda hacer hincapié en las esquinas de cada una de las estancias, ya que es el lugar donde más energía negativa se acumula.

— **Después de su uso:** colócalo en un recipiente resistente al calor y permite que se apague naturalmente.

Herramientas esenciales
para la limpieza energética del hogar

Realizar limpiezas energéticas con el elemento fuego es un proceso que requiere ciertas herramientas para asegurar una práctica efectiva y segura.

- **Calderos y quemadores resistentes al calor.** Los podrás encontrar de diferentes materiales: hierro fundido, metal, cerámica o piedra. Están diseñados para soportar altas temperaturas y asegurar que el proceso de quema sea seguro. Puedes encontrar una amplia variedad de estilos y son esenciales para quemar plantas y resinas.
- **Conchas de abulón**, tradicionalmente utilizadas por muchas culturas para depositar los atados de hierbas o el palo santo mientras se están quemando. No solo son resistentes al calor, sino que tienen un simbolismo especial conectando el elemento fuego con el agua y creando un equilibrio entre ambos.
- **Carbón vegetal**, para quemar resinas y hierbas sueltas. Se enciende con ayuda de unas pinzas especiales para no quemarte y, cuando se pone al rojo vivo, proporciona una fuente constante de calor para liberar los aromas y propiedades de plantas y resinas.
- **Cerillas y velas**, para encender los preparados energéticos para tus limpiezas. Es preferible su utilización frente a un encendedor o mechero debido a su conexión más natural con el elemento fuego. La llama de una cerilla

o una vela se considera más pura y espiritual, en contraste con los encendedores o mecheros que funcionan con gas y tienen una energía menos orgánica.

— **Pinzas de metal**, útiles para manejar discos de carbón encendidos. Asegura que no te quemes y permite un manejo preciso y seguro.

Renueva el espacio:
ventilación tras la limpieza

Después de realizar la limpieza energética, es crucial asegurarse de ventilar adecuadamente el espacio. Y es que juega un papel vital en el proceso de purificación y renovación energética por varias razones fundamentales:

— **Eliminación de energías negativas:** durante una limpieza se remueven y liberan energías negativas y estancadas que pueden estar acumuladas en el espacio. Abrir ventanas y puertas permite que estas energías se disipen y salgan de la habitación, evitando así que se redistribuyan y vuelvan a asentarse.

— **Introducción de energía fresca:** la ventilación permite la entrada de aire fresco, que trae consigo energía renovada y vibrante. Este aire fresco ayuda a equilibrar y revitalizar el ambiente y mantiene un flujo energético constante y positivo.

— **Refuerzo de la intención:** la acción de abrir ventanas y puertas refuerza simbólicamente la intención de liberar lo viejo y dar la bienvenida a lo nuevo. Es un acto físico que complementa el trabajo energético realizado y completa el ciclo de limpieza y renovación.

ELEMENTO **AGUA**

El agua, con su capacidad de fluir y purificar, ha sido considerada un tesoro en sí mismo al establecerse los pueblos cerca de los ríos, convirtiéndose así en el alma de la comunidad. Está asociada con las emociones, la intuición y la purificación, siendo un poderoso conductor de energía que puede transformar ambientes y liberar bloqueos, aportando renovación y claridad. En este punto, hablaremos sobre las diferentes formas en las que podemos utilizar el agua para limpiar, equilibrar y revitalizar nuestros espacios.

Aguas energizadas: tipos y procedimientos

A continuación, os presento los dos tipos de agua que existen y su carga energética:

— **Agua de manantial, de mar o de lluvia.** Estas aguas tienen una gran fuerza energética, ya que están cargadas al conservar la energía vibrante y la esencia del mundo natural. Si es agua de lluvia, espere a que haya estado lloviendo durante unos minutos y después recoléctala, pues los contaminantes en el aire estarán presentes en esa primera lluvia. A mí, personalmente, me encanta trabajar con ella y siempre que puedo la recolecto y aprovecho ese momento para realizar mis trabajos de limpieza.

— **Agua embotellada o del grifo.** Este tipo de agua, que ha estado en recipientes de plástico en tiendas, ha perdido su vitalidad y espíritu. Por ello, es importante cargarla antes de usarla en tus trabajos de limpiezas energéticas.

Procedimiento para cargar el agua

El aspecto más importante para energizar el agua viene dado por tus oraciones. Es un paso previo muy fácil que nos ayudará a preparar y destinar el agua a ese propósito o fin para el que la necesitamos.

1. Llena un recipiente de vidrio o cerámica con agua limpia. Evita el uso de plásticos o metales, ya que pueden interferir con la energía.
2. Usa siempre el mismo recipiente o compra una botella específica para este propósito.
3. Siéntate tranquila y sostén el recipiente con ambas manos. Cierra los ojos y toma varias respiraciones profundas para concentrarte. Visualiza una luz brillante, ya sea dorada, blanca o del color que te resuene, descendiendo y envolviendo el agua en el recipiente. A continuación, mentalmente o en voz alta, declara tu intención para el agua.
4. Este proceso debe realizarse a primera hora de la mañana, cuando la energía de la tierra está más fresca.

Para realizar limpiezas energéticas en casa, podemos crear diferentes tipos de aguas energizadas, cada una con sus propias propiedades y usos. Aquí te explico cómo preparar mis aguas preferidas, las que más uso.

Cómo realizar diferentes tipos de agua energizada

— **Agua de sol.** Coloca un recipiente de vidrio lleno de agua al sol durante varias horas, preferiblemente al mediodía, cuando la energía solar es más intensa. Esta agua se carga con vitalidad y energía renovadora. Es perfecta para limpiar estancias que siempre tienen una energía densa y pesada, como, por ejemplo, habitaciones que solamos utilizar para almacenar cosas o también donde alguien ha estado enfermo, ya que esta agua tiene una energía muy vibrante y activa.

— **Agua de luna.** Deja un recipiente de vidrio con agua bajo la luz de la luna durante toda la noche. Hazlo especialmente si hay luna llena, ya que, como hemos visto en el apartado de las fases lunares, es una de las lunas más potentes para estos trabajos de limpieza y renovación.

Es perfecta para hacer limpiezas energéticas profundas en tu hogar, sobre todo donde se han experimentado sentimientos de tristeza, puesto que posee una energía reparadora.

— **Agua de estrellas.** Deja un recipiente de vidrio con agua al aire libre durante una noche despejada para que se cargue con la energía sutil y mágica de las estrellas. Esta agua es ideal para trabajos espirituales y de manifestación, ya que ayuda a hacer realidad los sueños.

— **Agua de flores.** Llena un recipiente con agua y agrega pétalos de flores frescas, como rosas, lavanda, manzanilla e incluso romero (aunque puedes utilizar los que más resuenen contigo en ese momento o los que tengas en casa). Deja reposar durante unas horas para que las propiedades de las flores se infundan en el agua. Esta agua es excelente para trabajos de purificación y para atraer energías positivas y vibrantes a tu hogar. Este tipo de agua también se suele comercializar y la encontrarás como agua florida ya lista para su uso.

— **Agua bendita.** Si tienes acceso al agua bendita de una iglesia o lugar sagrado, puedes utilizarla directamente, ya que es perfecta para trabajos de protección.

Mezcla de agua y sal:
una solución purificadora y renovadora

La mezcla de agua y sal es una herramienta poderosa para limpiar y renovar la energía negativa y densa de tus espacios. Esta mezcla ha sido utilizada durante siglos debido a sus propiedades purificadoras y renovadoras.

A continuación, te explico cómo preparar esta mezcla y las diferentes aplicaciones que tiene.

Cómo realizar la mezcla de agua y sal

Ingredientes:

— Agua limpia (preferiblemente de manantial, de lluvia o previamente cargada).

— Sal marina gruesa (evita la sal refinada o con aditivos).

Preparación:

Llena un recipiente de vidrio con agua y añade dos cucharadas de sal marina por cada litro de agua, removiendo la mezcla hasta que la sal se disuelva completamente.

Propiedades limpiadoras:

La sal es conocida por sus propiedades absorbentes y purificadoras. Ayuda a neutralizar las cargas negativas, disolver las estancadas y proteger los espacios de las no deseadas. El agua actúa como vehículo que transporta y disuelve la energía, permitiendo una limpieza profunda y efectiva.

Aplicaciones de la mezcla de agua y sal

1. LIMPIEZA ENERGÉTICA DEL SUELO

El suelo es la superficie que más energía acumula, y mucho más si no tienes por costumbre descalzarte antes de entrar en casa. Y es que las energías negativas tienden a asentarse en el suelo, especialmente en las esquinas y en las áreas menos transitadas.

¿Cómo aplicarlo?

Añade la mezcla de agua y sal a un cubo de agua de fregar e incorpora un chorrito de vinagre. Después, pasa la fregona por el suelo. Mientras limpias, visualiza cómo la energía negativa es absorbida y disuelta. Empieza realizando esta limpieza desde la estancia más alejada de la puerta de entrada y ve saliendo hacia fuera limpiando hasta llegar a ella. Es importante cambiar el agua en cada estancia o cada dos estancias. Recuerda que no estamos limpiando físicamente, sino energéticamente, y este paso resulta fundamental para hacerlo correctamente.

Después de la limpieza y el secado del suelo, veremos que, en ocasiones y dependiendo del tipo de suelo que tengas en casa, queda como una capa blanquecina encima de este. Es completamente normal. Pasadas veinticuatro horas, vuelve a fregar el suelo como tengas costumbre de hacerlo para eliminar esa capa.

2. LIMPIEZA DE MUEBLES Y SUPERFICIES

Como ya hemos visto anteriormente, todo tiene energía, por lo que es necesario limpiar tanto muebles como superficies, ya que actúan como receptores de energía absorbiendo las vibraciones de las personas y eventos o situaciones que ocurren a su alrededor, acumulando energía densa y negativa.

¿Cómo aplicarlo?

Humedece un paño limpio en la mezcla de agua y sal, y pásalo por todas las superficies y muebles. Visualiza cómo las energías negativas son eliminadas y reemplazadas por una sensación de frescura y energía renovada.

3. LIMPIEZA DE OBJETOS

Los objetos personales y decorativos pueden acumular energía a lo largo del tiempo, especialmente si han sido tocados o utilizados por muchas personas o son objetos heredados o comprados de segunda mano, ya que la energía densa puede quedarse impregnada en ellos, y además, si son objetos de segunda mano, pueden llevar consigo la energía de sus anteriores dueños, incluyendo emociones y experiencias que no deseas en tu hogar.

¿Cómo aplicarlo?

Sumerge objetos de menor tamaño en la mezcla de agua y sal, dejándolos reposar durante unos minutos. Para objetos grandes, utiliza un paño humedecido en la mezcla para limpiarlos más fácilmente. Asegúrate de secar bien los objetos después de limpiarlos para evitar daños.

4. LIMPIEZA DE ESPEJOS

Los espejos son potentes activadores energéticos en el hogar, por lo que es necesario utilizarlos y limpiarlos correctamente para evitar la acumulación de energía y los posibles portales energéticos que se puedan crear.

Recomendaciones:

En primer lugar, nunca coloques un altar o velas frente a un espejo, ya que esto podría afectar directamente a la energía del espacio. También es recomendable observar si hay personas sensibles en casa; de ser así, intentaremos evitar los espejos en los dormitorios (si ya los tenemos, es mejor taparlos o cubrirlos a la hora del descanso).

¿Cómo aplicarlo?

Introduce una bayeta limpia y que solo tengas destinada para esto en una mezcla de agua cargada en la fase lunar de luna menguante, una pizca de sal y un chorrito de vinagre. Usa esta solución para limpiarlos con movimientos circulares, enfocándote en la intención de eliminar las energías no deseadas.

5. LIMPIEZA DE ROPA

La ropa puede absorber la energía de los lugares y espacios que visitamos, así como de las personas con las que estamos en contacto. Esto es especialmente para ropa de segunda mano o prendas que han sido utilizadas en momentos de alta carga emocional.

¿Cómo aplicarlo?

En un recipiente, remoja la ropa en la mezcla de agua y sal durante aproximadamente treinta minutos; después, lávala como lo haces normalmente y déjala secar al sol, ya que con su energía purificadora y vibrante contribuye también a la limpieza de la prenda.

Otra forma muy efectiva de limpiar energéticamente la ropa es sumergiéndola en una mezcla de agua hervida previamente con romero, un chorrito de vinagre y sal. Si lavas a mano, deja la ropa en remojo durante treinta minutos aproximadamente y después lávala como de costumbre. Si usas lavadora, añade una pequeña cantidad de sal al tambor, coloca tu detergente habitual en el compartimento correspondiente y, en el del suavizante, añade un chorrito de vinagre junto con unas gotas de aceite esencial de romero.

6. LIMPIEZA DEL AMBIENTE

En casa hay estancias que son más propensas a cargarse energéticamente o ya de por sí son lugares que tienen la energía más flojita, como puede ser el baño o sitios de almacenaje de objetos, como trasteros o buhardillas. Para contrarrestar esto, puedes poner la mezcla en estas zonas que resuenan negativamente para ti.

¿Cómo aplicarlo?

Coloca pequeños recipientes con sal marina gruesa (en este caso, solamente colocamos sal) en las esquinas de las habitaciones y déjalos allí durante veinticuatro horas para absorber las energías densas que pueda haber en el ambiente.

ELEMENTO **TIERRA**

El elemento tierra es fundamental en nuestro hogar, debido a su conexión con la estabilidad y la pertenencia a un lugar. Desde tiempos ancestrales, la tierra ha sido vista como fuente de poder y sustento, representando la base sobre la cual construimos nuestras vidas. La energía de la tierra es densa, nutritiva y estabilizadora, lo que convierte este elemento en un elemento crucial para equilibrar y purificar nuestros espacios.

Utilizar el elemento tierra en limpiezas energéticas nos ayuda a absorber y neutralizar energías negativas, proporcionando una sensación de seguridad y protección. Las prácticas asociadas con este elemento incluyen el uso de cristales, sal, plantas y otros materiales naturales que canalizan la fuerza de la tierra. ¡Vamos a ello!

Aromaterapia espiritual: aceites esenciales para un hogar en equilibrio

Los aceites esenciales son extractos concentrados obtenidos de plantas que capturan no solo su esencia y aroma, sino sus propiedades curativas. Se extraen mediante procesos como la destilación al vapor o el prensado en frio, y cada aceite contiene las propiedades únicas de la planta de la que proviene. Los aceites esenciales han sido utilizados durante siglos en diversas culturas por sus beneficios terapéuticos y energéticos, tanto en la medicina tradicional como en prácticas espirituales.

En este punto, cabe diferenciar los aceites esenciales de las esencias aromáticas en que estas últimas son fragancias que pueden ser de origen natural o artificial. La forma más común en la que las puedes encontrar en el mercado es la sintética. Las esencias aromáticas sintéticas son creadas en laboratorios desde cero a partir de sustancias que imitan y recuerdan a las fragancias naturales.

Propiedades y usos de los aceites esenciales en el hogar

Los aceites esenciales no solo tienen beneficios terapéuticos y medicinales, sino que también son un pilar fundamental en el equilibrio energético del hogar. Y es que, además de aportar un aroma especial a tu hogar, pueden limpiar el espacio de energías negativas y densas, protegerlo de influencias no deseadas y elevar su vibración, creando un ambiente que nos aporte bienestar.

Propiedades

— **Purifican el ambiente.** Algunos aceites esenciales, como el de eucalipto, el árbol de té y la salvia, tienen propiedades antimicrobianas, antibacterianas y antifúngicas que pueden eliminar patógenos y purificar el aire.

— **Mejoran el estado de ánimo.** Aceites como la lavanda, bergamota y menta tienen efectos calmantes, relajantes y equilibrantes que pueden reducir el estrés y mejorar el bienestar emocional.

— **Protegen energéticamente.** Hay ciertos aceites, como el incienso, el sándalo y la mirra, que tienen propiedades protectoras que pueden crear un escudo energético alrededor del hogar.

— **Elevan la vibración.** Aceites como el jazmín, la rosa y el neroli son conocidos por sus altas vibraciones y su capacidad para elevar la energía y la vibración energética del hogar.

— **Limpian las energías negativas.** Algunos aceites, como la ruda, el cedro o el limón, tienen propiedades limpiadoras y purificadoras que disipan las energías negativas y densas acumuladas.

Usos comunes

- **Difusión:** usar un difusor de aceites esenciales para dispersar las moléculas aromáticas en el aire es la forma que más me gusta de aplicar la aromaterapia en casa. Ya que, de esta forma, no solo se beneficia nuestro hogar, sino también todos los que viven en él.
- **Limpieza:** añadir aceites esenciales a productos de limpieza caseros potencia su efectividad y deja un aroma fresco en el hogar.
- **Limpieza y protección energética:** agregar aceites esenciales limpiadores a la mezcla de agua y sal de la que ya hemos hablado anteriormente es una forma perfecta de reforzar la mezcla y equilibrar la energía del ambiente.
- **Espray energético:** crear un espray con agua y aceites esenciales ayuda a limpiar y elevar la vibración del hogar. Rocía el espray por todas las habitaciones de la casa, prestando especial atención a las esquinas, detrás de las puertas y rincones donde la energía pueda estancarse, así como en los textiles del hogar.

Aceites esenciales purificadores para el hogar

Ciertos aceites esenciales están especialmente diseñados para limpiar energéticamente los espacios, neutralizando energías negativas y favoreciendo un ambiente armonioso y equilibrado. A continuación, te presento una selección de aceites esenciales reconocidos por su capacidad para purificar el ambiente. Cada uno de ellos aporta características únicas que ayudan a despejar energías densas en el hogar, promoviendo una sensación de bienestar y calma:

- Lavanda.
- Eucalipto.
- Limón.
- Menta.
- Salvia.
- Incienso.
- Árbol de té.
- Romero.
- Palo santo.
- Cedro.
- Tomillo.
- Ciprés.
- Neroli.
- Pino.
- Artemisa.
- Clavo.
- Angélica.
- Ravintsara.
- Ruda.
- Mirra.
- Ylang-ylang.
- Verbena.

Aceites esenciales para elevar la vibración del hogar

La vibración es una medida de la energía que emite un objeto, un espacio o un ser, y está relacionada con nuestro bienestar. En el hogar, una alta vibración indica un entorno positivo, armonioso y lleno de energía vital, mientras que una baja vibración puede reflejar tensiones, desarmonía o estancamiento energético. Los aceites esenciales son herramientas poderosas para alcanzar este objetivo, ya que sus propiedades aromáticas y energéticas pueden transformar el ambiente y mejorar nuestro bienestar general. Aquí te muestro algunos de los aceites esenciales que son especialmente efectivos para ello.

— Naranja.	— Pomelo.	— Canela.	— Jengibre.
— Limón.	— Bergamota.	— Pachuli.	— Caléndula.
— Lima.	— Geranio.	— Camomila.	— Anís.
—Clementina.	— Rosa.	— Laurel.	
—Mandarina.	— Jazmín.	— Eneldo.	

(En este apartado se incluyen todos los cítricos y flores, ya que son potentes revitalizadores de la energía).

En el mercado existen diferentes marcas de aceites esenciales que ofrecen mezclas distintivas y exclusivas combinando distintos aceites en sus fórmulas. Para determinar si estas mezclas pueden ser efectivas tanto para limpiar energéticamente el ambiente como para elevar su vibración, es esencial revisar la lista de plantas utilizadas en su composición. Comparando estos ingredientes con los aceites esenciales que hemos mencionado previamente. En la mayoría de los casos verás que esas mezclas contienen aceites de los dos apartados mencionados anteriormente, en los que contribuyen a limpiar energéticamente y, a la vez, elevar la vibración de un espacio. Y es que ambas cosas, limpiar energéticamente y elevar la vibración, van de la mano, y la consecución de una promueve a la otra.

Es importante conectar con el aceite elegido; es ahí cuando se produce un mayor potencial porque estamos sintonizando con el alma de cada planta. No a todo el mundo les gustan los mismos aceites, por lo que escucha tu voz interior para saber cuál utilizar en cada momento.

Minerales: el poder de la tierra en tu hogar

Los minerales y cristales, al ser parte fundamental del elemento tierra, ofrecen una influencia única en la energía de nuestro hogar. Estos tesoros naturales tienen la capacidad de absorber, transmutar y amplificar energías, contribuyendo a la armonización y al equilibrio de cualquier espacio. Cada tipo de cristal posee propiedades específicas que pueden influir en el ambiente de manera positiva, desde promover la calma y la claridad mental hasta proteger contra energías negativas y atraer abundancia.

Cristales y su capacidad de absorción energética

Los cristales tienen una notable habilidad para absorber y transmutar energías debido a su estructura molecular única. Esta capacidad les permite captar energías tanto positivas como negativas del entorno. Es fundamental limpiar los cristales antes de trabajar con ellos la primera vez, ya que experimentan diferentes energías antes de llegar a nosotros. Y también es recomendable que, para mantener su eficacia, los cristales se limpien regularmente, ya que la acumulación de energías negativas puede saturar su capacidad de purificación y transmutación.

Diferentes técnicas de limpieza

Existen varios métodos efectivos para hacerlo:

— Agua y sal.
— Luz solar.
— Luz lunar.
— Salvia blanca.
— Inciensos.
— Palo santo.
— Tierra.
— Visualización.
— Agua.
— Agua florida.
— Cuenco tibetano.
— Música de meditación.

También puedes utilizar cristales «autolimpiadores», como la selenita. Recuerda que hay minerales que en su limpieza es preferible no mojar, como la selenita, la pirita o la turmalina. Y otros, como la amatista o el cuarzo rosa, que es mejor no dejar al sol.

Una vez que hayas limpiado tus cristales, es fundamental cargarlos y programarlos para que puedan servir mejor a tus propósitos energéticos. Para ello, primero debes conectar personalmente con el cristal. Sostén el mineral en tus manos, cierra los ojos y enfoca tu energía en él. Imagina que tu intención y propósito se transmiten al cristal, dotándolo de tu energía personal. La clave está en la claridad y fuerza de tu intención, ya que esto define cómo el cristal interaccionará con el entorno. Así, el cristal no solo se carga con tu energía, sino que también se alinea con tus objetivos específicos, potenciando su efectividad en la limpieza y el equilibrio energético de tu espacio.

Minerales y espacios recomendados en el hogar

Existen numerosos tipos de minerales disponibles. Es necesario utilizar tu intuición para elegir el más adecuado para tu hogar. Comienza con ejemplares pequeños, ya que las piezas grandes suelen ser más caras, mientras que las pequeñas son igual de efectivas y más económicas.

Cada mineral tiene propiedades únicas que pueden complementar y potenciar diferentes áreas de tu hogar. Al situarlos en los lugares adecuados, se maximizan los beneficios positivos en el ambiente.

• EN LA ENTRADA

Este es el lugar por donde la energía entra en tu vivienda; por ello, es recomendable colocar piedras que ayuden a absorber cualquier vibración negativa que venga de la calle, tales como:

— **Turmalina negra:** es una de las piedras protectoras más importantes. Capta la energía negativa del ambiente y la transmuta, ofreciendo un escudo de protección. Mi recomendación es colocar en el marco de la puerta de la entrada una pieza un poco grande a ambos lados.
— **Jade:** considerado un potente talismán, el jade no solo protege, sino que también atrae el amor verdadero.
— **Amatista:** este cristal tiene una vibración tranquila y nos puede ayudar a transformar la energía de fuera hacia dentro.

• EN EL SALÓN

— **Aventurina:** relacionada con la prosperidad, la calma y el equilibrio. Posee una energía poderosa pero tranquila y suave, promoviendo el bienestar y la felicidad.
— **Jade:** una de las piedras más preciosas de la cultura asiática, ya que mejora la suerte, la salud y el bienestar en general. Está asociado con la curación, el crecimiento y la energía vital.
— **Ojo de tigre:** tiene una energía muy vibrante y luminosa. Al ser el salón un lugar de encuentros y de pasar tiempo en familia, este cristal es perfecto para la ocasión.

• EN LA COCINA

Esta zona de casa no es necesariamente el lugar ideal para poner cristales, ya que la grasa y la humedad siempre están presentes. Pero, si los mantienes cuidados y separados de donde se puedan mojar o ensuciar, puedes beneficiarte de sus propiedades también aquí.

— **Ágata cornalina:** este cristal puede ayudar a que tengas más creatividad a la hora de cocinar y que disfrutes tanto del proceso de elaboración como de comer los alimentos.
— **Cuarzo transparente:** restaura el orden energético, filtrando la negatividad y las toxinas del ambiente y de los alimentos.
— **Cuarzo rosa:** crea un aura de energía amorosa y tranquila, permitiendo que este espacio sea más acogedor y predomine la gratitud. Nos ayudará a tomar un estilo de alimentación y de vida más saludable, que promuevan el amor propio.

• EN LA ZONA DE TRABAJO

— **Cuarzo transparente:** conocido por sus propiedades purificadoras, limpia de malas energías y potencia la concentración y la meditación, ayudando a acabar con la niebla cerebral.
— ***Shungita:*** absorbe las radiaciones electromagnéticas de dispositivos electrónicos, como ordenadores, teléfonos, etc.
— **Amatista:** incrementa la creatividad y el poder de la imaginación. Potencia la memoria y la concentración, ayudando a equilibrar nuestra mente.

• EN LA CAJA FUERTE

Si tienes un espacio destinado en casa a depositar algo de dinero en efectivo, estos cristales son perfectos para ese fin.

— **Pirita:** actúa como un imán para el dinero, multiplicando las riquezas y atrayendo ascensos y mejoras en el mundo laboral.
— **Cornalina:** relacionada con el sol, atrae éxito, riquezas y abundancia. Nos ayuda a conseguir objetivos, especialmente en el terreno laboral o económico, proporcionando el impulso necesario.

• EN EL BAÑO

— **Cuarzo ahumado:** piedra protectora que realza la seguridad en nosotros mismos, aportándonos valor e iniciativa. Es útil en áreas que tienden a acumular vibraciones negativas, ayudando a absorber cualquier toxicidad.
— **Ónix:** ideal para deshacerte de lo que ya no te sirve en tu vida o reducir malos hábitos, promoviendo fuerza y determinación.

• EN EL DORMITORIO

Este es el lugar donde nos relajamos y descansamos, y también donde nuestro subconsciente se encarga de restaurar el estrés que hayamos podido tener durante el día.

— **Selenita:** una varita de selenita en tu mesilla de noche aliviará la ansiedad y trabajará contra el insomnio.
— **Cuarzo rosa:** popular por aportar paz y equilibrio. Sus propiedades están relacionadas con el amor, la belleza y el deseo, mejorando las relaciones de pareja y la autoestima.

• EN EL DORMITORIO INFANTIL

— **Celestita:** piedra de color azul claro y en forma de drusa que es muy protectora para la energía de los niños. Tiene una vibración muy suave y amorosa que es perfecta para esta estancia, ya que conecta con la calma, la paz y el crecimiento.
— **Angelita:** tiene una energía muy suave y espiritual que conecta con los reinos angelicales.
— **Turmalina negra:** es una de las piedras protectoras más importantes. Capta la energía negativa del ambiente y la trasmuta, ofreciendo un escudo de protección. Es perfecta en el caso de que haya miedos, pesadillas o terrores nocturnos.

• PASILLOS

— **Selenita:** ideal para la entrada principal o pasillos. Limpia y purifica el espacio de energías negativas; aclara y eleva la energía, siendo perfecta para áreas de transición.

— **Ojo de tigre:** brinda protección y confianza, útil en áreas de la casa donde hay mucho movimiento. Favorece la fuerza y la confianza en uno mismo, haciéndonos sentir más poderosos.

• SALA DE ESTUDIO O BIBLIOTECA

— **Lapislázuli:** fomenta la sabiduría, la comunicación y el aprendizaje. Ideal para un espacio donde se realizan actividades intelectuales.

— ***Howlita* azul:** calma los nervios y alivia el insomnio, fortaleciendo la memoria y estimulando el deseo de conocimiento.

— **Fluorita:** ayuda con la transmisión y la asimilación de conocimientos; por lo tanto, es perfecta para esta estancia.

ELEMENTO **AIRE**

El aire, invisible pero siempre presente, es uno de los elementos más esenciales y poderosos en las limpiezas energéticas. Desde tiempos antiguos, el aire ha sido considerado un canal perfecto para la purificación y la elevación de las vibraciones en cualquier espacio.

En la práctica de las limpiezas energéticas, el aire es vital porque actúa como portador de nuestras intenciones y pensamientos. Es a través del aire que los aromas, el humo de las hierbas y resinas, y las vibraciones sonoras de campanas, mantras y música se dispersan y se integran en nuestro entorno, purificando y armonizando su espacio a su paso, permitiendo así que la energía estancada sea removida y reemplazada por una nueva y revitalizada, creando un ambiente de serenidad y bienestar.

Energía en movimiento: herramientas de aire para tus limpiezas

Dentro del elemento aire, encontramos dos componentes principales que son esenciales para las limpiezas energéticas: la ventilación y el sonido. Ambos elementos juegan un papel crucial en la renovación y purificación de la energía en el hogar.

Ventilación

La ventilación es una técnica fundamental y sencilla para realizar limpiezas energéticas. Abrir ventanas y puertas permite que el aire fresco circule, llevando consigo las energías estancadas y negativas. Realizar esta práctica regularmente es esencial para mantener un flujo constante de energía positiva en el hogar, ya que no solo purifica el espacio, sino que también introduce vitalidad y frescura, contribuyendo al bienestar general.

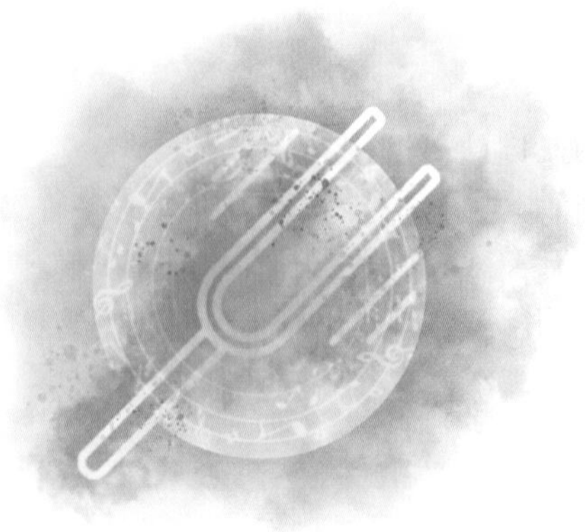

Sonido

Otro componente clave del elemento aire en las limpiezas energéticas, y es que es vibración y está en cada flor, piedra o río, y todo lo que nos rodea tiene su propia vibración.

Los sonidos tienen la capacidad de crear vibraciones que rompen y dispersan las energías negativas, transformando y elevando la vibración del espacio. A continuación, profundizaremos en las diferentes herramientas sonoras que podemos utilizar para ello y su uso para trabajar la energía de un espacio.

CAMPANAS

Las campanas son instrumentos tradicionales utilizados en rituales de purificación. Existen dos tipos de campanas, cada una con su propósito específico: las campanas grandes, útiles para romper energía pesada y estancada, y las campanas pequeñas, que refinan y destilan la energía fresca y nueva.

Para utilizarlas, empieza haciendo sonar la campana grande para dispersar la energía densa y luego usa la pequeña para equilibrar el ambiente. El tono aumenta el flujo de energía y restaura el equilibrio vibratorio; los círculos concéntricos de energía siguen en la habitación mucho después de que esta esté en silencio.

Las campanas balinesas, por ejemplo, tienen una importante fuerza energética, pues parte de su poder lo recibe en el momento de su creación, ya que se realiza un ritual y se sincroniza con los ciclos de la luna por medio de oraciones, bendiciones y ofrendas en cada fase del proceso, que puede durar más de dos meses.

CUENCOS TIBETANOS

Los cuencos tibetanos son populares por sus propiedades curativas y de limpieza energética. Su uso en Asia se remonta a la Antigüedad, formando parte de su cultura desde siempre. Están decorados con patrones simbólicos que afectan a la energía del sonido y están hechos de una aleación de varios metales (oro, plata, hierro, cobre, estaño, mercurio y plomo). Se descubrió que diferentes metales creaban diferentes energías en los sonidos. La mezcla de estos siete metales creaba una energía única y poderosa, produciendo un sonido profundo y resonante.

Para utilizarlos, golpea suavemente el borde del cuenco y hazlo sonar alrededor del espacio. También puedes llenarlo parcialmente con agua para combinar el poder del sonido con la purificación del agua y unificar los dos elementos para darle más fuerza a tus limpiezas. Además, puedes guardar esa agua y usarla para después limpiar tu energía. Recuerda secarlo bien para evitar manchas de agua.

GONGS

Los gongs son poderosos instrumentos que pueden limpiar grandes cantidades de energía negativa. Son perfectos para espacios amplios, como oficinas o almacenes. Al ser tan grandes, no se adaptan fácilmente a las habitaciones pequeñas de una casa; por ello, uno pequeño con una cuerda es mucho mejor.

Para utilizarlo, golpea el gong tres veces para declarar tu intención y camina golpeando una vez cuando sientas que es necesario. Cierra los ojos, respira lenta y profundamente y déjate envolver por las vibraciones sonoras que limpian y elevan la energía del ambiente. La vibración del sonido es tan potente que llegará hasta lo más profundo de tu hogar. Realiza esta práctica después de eventos sociales o cuando sientas la energía muy pesada en casa.

DIAPASONES

Los diapasones emiten una resonancia pura basada en proporciones matemáticas naturales. Son especialmente útiles para limpiar objetos como antigüedades y muebles de madera.

Para utilizarlos, golpea el diapasón en tu mano y colócalo sobre el objeto a limpiar, o ve paseando sobre la superficie o el espacio que desees. Repite en varios puntos hasta que sientas el sonido más claro.

MÚSICA Y MANTRAS

Son herramientas poderosas para la limpieza energética, y es que la música, los cantos y los mantras específicos pueden equilibrar la energía de una habitación.

OM MANTRA

«OM» representa el sonido de lo divino y la totalidad de la vida. Es conocido por su capacidad de liberar el sufrimiento y crear una transformación profunda. Relájate, respira, exhala suavemente y repite el mantra para llenar el espacio con energía positiva: «OMMMMMMM».

TINGSHAS

Pequeños platillos tibetanos unidos por una correa de cuero. Tienen un sonido agudo y penetrante, excelente para romper la energía estancada. Para utilizarlos, haz sonar los *tingshas* en las esquinas y áreas donde sientas energía densa.

PALMADAS

Esta es una solución rápida y muy efectiva para limpiar la energía de un espacio. Da tres palmadas en cada esquina de la estancia y escucha cómo cambia el sonido, volviéndose más nítido y vibrante.

SONIDOS NATURALES E INSTRUMENTOS MUSICALES

Los sonidos naturales, como el canto de los pájaros o el murmullo del agua, pueden crear un ambiente relajado y equilibrado. Instrumentos musicales como el arpa, piano o flauta también pueden ser usados para limpiar energéticamente un espacio, siempre y cuando se toquen con una intención clara y definida.

Cada instrumento o herramienta utilizada en las limpiezas energéticas, desde campanas y cuencos tibetanos hasta diapasones y mantras, tiene beneficios únicos y crea efectos específicos en la energía de nuestro hogar. Lo más importante es elegir la herramienta que más resuene contigo en cada momento, aplicándola de manera consciente, relajada y con una intención clara de limpiar energéticamente el espacio. Al hacerlo, aseguramos que la vibración generada por estos instrumentos armonice y eleve la energía del entorno, promoviendo un ambiente de paz, claridad y bienestar en tu hogar.

SELLANDO LA ENERGÍA: RITUAL DE CIERRE

Para concluir adecuadamente la limpieza energética de tu hogar y consolidar el trabajo realizado, haz este ritual con atención y calma:

1. **Movimiento y silencio:** muévete lentamente por el espacio manteniendo la mente en silencio y en calma. Este movimiento tranquilo ayuda a integrar y estabilizar las nuevas energías en el entorno.
2. **Movimiento en forma de 8:** con las manos, realiza movimientos suaves en forma de 8 (el símbolo del infinito) alrededor de cada habitación. Este gesto simbólico ayuda a sellar la limpieza y asegurar que la energía renovada fluya armoniosamente.

3. **Lavado de manos:** lava tus manos hasta los codos con agua fría. No te seques; en lugar de eso, agita las manos varias veces y da palmadas suaves en el aire. Este acto simboliza la eliminación de cualquier residuo energético y la purificación final.
4. **Limpieza energética personal:** antes de que pasen doce horas después de la limpieza del hogar, debes realizar una limpieza energética personal. Este paso es crucial, ya que ayuda a asegurar que tu propia energía esté igualmente limpia y equilibrada, lo que complementa y refuerza el trabajo hecho en el hogar.

En el siguiente apartado, exploraremos en detalle cómo llevar a cabo esta limpieza energética personal para mantener tu equilibrio y bienestar. Este ritual finaliza el proceso de limpieza energética, asegurando que tanto el espacio como tú permanecéis en una vibración elevada y equilibrada.

Protección
energética
del hogar

6

Protección energética del hogar: crea tu santuario

En nuestro hogar, encontramos un refugio del mundo exterior y un espacio donde nutrimos nuestra energía personal. Mantener este entorno protegido energéticamente es esencial para asegurar que el bienestar y la armonía fluyan en nuestra vida diaria. Después de aplicar el orden y el minimalismo, hacer limpiezas energéticas y equilibrar el ambiente, el siguiente paso es fortalecer todo el trabajo realizado con las protecciones adecuadas. Estas no solo resguardan nuestro espacio de influencias externas no deseadas, sino que también fomentan un ambiente de serenidad y equilibrio. No debemos vivir con el temor de que algo negativo pueda suceder a nuestro hogar y que, por ello, debemos realizar una protección energética. Sino que hemos de ser conscientes de que, al implementar todas estas prácticas, colocar protecciones en nuestro hogar ayudará a que el equilibrio y el bienestar duren más tiempo y sean más efectivos. En este apartado, exploraremos las bases para realizar una correcta protección energética en el hogar.

VASIJA DE PROTECCIÓN

Los recipientes de protección, también conocidos como «vasijas energéticas» o «contenedores de protección», son herramientas muy efectivas de protección. Su función es absorber y neutralizar las energías negativas, creando un ambiente más armonioso y protegido. Aquí te explico cómo prepararlas y utilizarlas correctamente.

Ingredientes y materiales

— **Recipiente de vidrio:** puedes comprar un recipiente exclusivo para ello o reciclar recipientes de vidrio de diferentes conservas, como lentejas, aceitunas, tomate, etc. Los recipientes más grandes son los preferibles, ya que, al tener mayor capacidad, podremos mantener la protección durante más tiempo.

— **Sal marina gruesa:** este tipo de sal es la que a lo largo de todo el libro hemos utilizado para trabajar la energía de nuestro hogar y, en este caso, también es la más adecuada. Utiliza una cuchara sopera para medir la sal. Es importante que las cucharadas sean impares. A mí, personalmente, me gusta incorporar tres cucharadas, por el significado espiritual de este número y por lo mágico que es. Pero, si el recipiente tiene mayor capacidad, deberás de poner más cantidad.

— **Lejía pura:** asegúrate de que no contenga detergentes ni blanqueantes. Este ingrediente es esencial para la absorción y neutralización de energías negativas.

Instrucciones de preparación

1. Llena el recipiente con sal, asegurándote de que la cantidad de sal cubra el fondo.
2. Añade la lejía hasta llenar el recipiente, dejando suficiente espacio en la parte superior para permitir la evaporación.
3. Es importante que el recipiente no se tape y lo dejemos siempre abierto. Debes colocarlo en un lugar ventilado y seguro, donde no sea accesible a mascotas ni niños.
4. Coloca debajo del recipiente un plato, bandeja o cualquier otro recipiente, ya que en muchas ocasiones la mezcla puede llegar a desbordarse y así no manchará ninguna superficie.

Funcionamiento y mantenimiento

La mezcla puede durar en perfecto estado varios meses. Todo depende de la energía con la que esté trabajando en ese momento en tu hogar. Si no hay un cambio significativo en la sal o en el color de la lejía, es posible que esté funcionando correctamente.

Cambio de color

— Color original de la lejía: el recipiente está trabajando adecuadamente.
— Transparente: el recipiente está realizando su efecto de manera eficaz.
— Rosa: indica que el recipiente está atrayendo energías positivas.
— Verde o azul: significa que es necesario reemplazar el contenido, ya que ha absorbido suficiente energía negativa.

Mantenimiento regular

Es necesario revisar el recipiente dos o tres veces al mes, ya que es normal que se forme como una capa de cristales en la superficie. Rómpela suavemente con un palillo y sin tocarla con tus manos, para evitar que la vasija de protección se cierre y no funcione correctamente.

Activación y petición

— Coloca suavemente tus manos sobre la apertura del recipiente canalizando a través de ellas la energía necesaria para proteger tu hogar de cualquier energía negativa, permitiendo que la luz, la paz y el amor entren en tu espacio.
— Visualiza tu petición, concentrándote en la protección y armonías deseadas para tu hogar. Cierra la petición dando las gracias.

Utilizar estas vasijas de protección es una técnica poderosa para mantener un entorno energético saludable en tu hogar, asegurando que el equilibrio y la armonía que has trabajado continúen de manera duradera y efectiva.

GEOMETRÍA SAGRADA

La geometría sagrada es un conjunto de símbolos que se han utilizado a lo largo de la historia para conectar con el universo y sus energías. Es donde las matemáticas se encuentran con la espiritualidad. Incorporar estos patrones en el hogar no solo ofrece protección, sino que también ayuda a equilibrar y armonizar el espacio a un nivel profundo. Entre mis símbolos preferidos se encuentran:

— **La flor de la vida:** consiste en un conjunto de círculos que se superponen creando una forma que representa la unidad de toda la vida. Nos ha fascinado desde la Antigüedad por la perfección que encierra, ya que ha llegado a considerarse el mapa de la vida y de la creación. Podría constituir un símbolo que encierra información tanto del universo como de cada ser vivo, como una gran red que lo conecta todo. La energía y la vibración que transmite son perfectas para fomentar la armonía y el equilibrio del espacio donde esté colocada.

— **El cubo de Metatrón:** contiene los cinco sólidos platónicos que representan los elementos y está asociado con la protección y la limpieza energética.

— **La espiral áurea:** simboliza el crecimiento y la expansión. Usarla en casa puede ayudar a fomentar el flujo de energía positiva, elevando considerablemente la vibración de la estancia en la que esté colocado.

Cómo incorporar la geometría sagrada en el hogar

— **Elementos decorativos:** coloca cuadros o decoraciones que presenten estos símbolos en áreas comunes, como la sala de estar o el comedor. Estas piezas no solo adornan el espacio, sino que también irradian energía protectora.
— **Cristales y figuras:** usa cristales con tallas de geometría sagrada para potenciar la energía de protección en el hogar. Coloca figuras tridimensionales de estos símbolos en lugares estratégicos, como la entrada, o en espacios en los que sientas que se necesita más protección.
— **Meditación y visualización:** realiza meditaciones enfocadas en la geometría sagrada. Visualiza los símbolos rodeando tu hogar con una luz protectora.

Al incorporar la geometría sagrada en tu hogar, establece siempre una clara intención de protección y armonía. La energía de los símbolos será más potente si está alineada con tu propósito.

GRÁFICOS RADIÓNICOS

La radiónica es la práctica que emplea símbolos y formas geométricas para dirigir y canalizar energía. Los gráficos radiónicos actúan como antenas energéticas que armonizan y protegen los espacios, brindando un escudo contra influencias negativas. Sus configuraciones geométricas están diseñadas para influir positivamente en el entorno energético de un espacio.

Tipos de gráficos radiónicos

— **Pentagrama de protección:** símbolo antiguo utilizado para bloquear energías negativas. Se coloca frecuentemente en la entrada de casa para que actúe como una barrera protectora.

— **Círculo de protección:** este es un gráfico sencillo pero poderoso que simboliza la unión y la totalidad. Ayuda a proteger el hogar creando un campo de energía que neutraliza las vibraciones no deseadas.

— **Espiral radiónica:** símbolo antiguo que se utiliza para disipar y transmutar energías densas. Es ideal para áreas donde se necesita liberar energía estancada o pesada.

— Elige el gráfico que resuene mejor con tus necesidades específicas de protección. Cada gráfico tiene propiedades únicas, por ello es importante seleccionar el adecuado para tus circunstancias y las de tu hogar.
— Sitúalos en áreas clave del hogar, como la puerta de entrada, ventanas y estancias donde deseas aumentar la protección energética.
— Para activarlos, coloca tus manos sobre el gráfico, concentrándote en la protección y la armonía deseadas para tu hogar.
— Termina siempre dando las gracias.

SÍMBOLOS O AMULETOS DE PROTECCIÓN

Los amuletos han sido utilizados a lo largo de la historia en diferentes culturas como poderosos símbolos de protección. Estos objetos, cargados de significado y energía, sirven para proteger nuestros espacios y atraer vibraciones positivas.

Estos son los tres amuletos más característicos:

— **Ojo turco:** es conocido por su capacidad para desviar el mal de ojo y las energías negativas. Se suele colocar cerca de las entradas para evitar que las influencias negativas entren en el hogar.

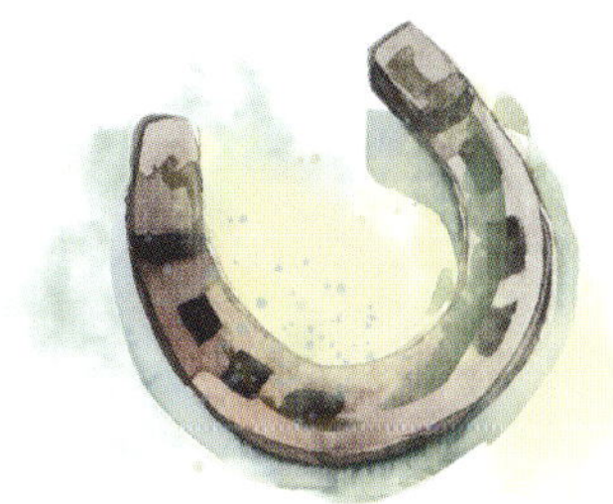

— **Herradura:** tradicionalmente, se coloca sobre las puertas para atraer buena suerte y proteger contra la mala fortuna.

La herradura debe estar colocada hacia arriba, para simbolizar un recipiente que recoge energía positiva.

— **Mano de Fátima:** este es un símbolo muy valorado por su capacidad para proteger y atraer bendiciones al hogar. Se puede colocar en las paredes o en un elemento decorativo, o llevar puesto como joyería para extender su protección.

Limpieza
energética
personal

7

Limpieza energética personal. Conecta con tu esencia

La limpieza energética personal es un proceso fundamental para mantener nuestro equilibrio y bienestar. Nuestro hogar es una extensión de nosotros mismos. Tiene alma y su energía está íntimamente ligada a la nuestra. Así como las energías del hogar pueden influir en nuestro estado emocional y físico, nuestra energía también impacta en el ambiente que nos rodea.

Después de realizar una limpieza energética del hogar, es esencial dedicar tiempo a nuestra propia limpieza energética. Este proceso no solo nos ayuda a liberar energías negativas que podríamos haber absorbido durante la limpieza del espacio, sino también asegura que mantengamos nuestra vibración alta y equilibrada. Al armonizar nuestra energía con la de nuestro hogar, creamos un ciclo de bienestar continuo, donde tanto nuestro entorno como nosotros mismos permanecemos en un estado de paz y claridad.

Realizar una limpieza energética personal después de purificar el hogar es una forma poderosa de conectar más profundamente con nuestra esencia. Nos permite renovar nuestra energía, fortalecer nuestra aura y asegurarnos de que estamos alineados con el nuevo equilibrio energético de nuestro espacio.

TÉCNICAS DE LIMPIEZA ENERGÉTICA PERSONAL

A continuación, te propongo diferentes formas de trabajar y limpiar tu energía. Verás que son recetas muy fáciles con ingredientes que fácilmente podemos tener en casa. Te recomiendo que con el paso del tiempo las pruebes y sientas cuáles son tus preferidas y las que más impacto producen en ti, ya que unas personas conectamos más con un elemento y otras con otro, y la limpieza se hará más efectiva por ello.

Purificación personal con palo santo y hierbas sagradas

El elemento fuego posee un poder transformador y purificador, capaz de transmutar energías negativas en positivas.

Materiales necesarios

— Palo santo o un atado de hierbas (salvia, romero, lavanda, etc.).

Realización

Comienza desde tus pies y muévete lentamente hacia arriba, pasando el humo alrededor de tu cuerpo, llegando hasta tu cabeza. Haz movimientos circulares, prestando especial atención a los puntos de energía, como las manos, el corazón y la cabeza, haciendo énfasis en las áreas donde sientas pesadez o negatividad.

Intención

Mantén una intención clara de limpieza y purificación mientras realizas este proceso. Puedes decir en voz alta o en tu mente una afirmación como esta: «Limpio y libero toda energía negativa de mi cuerpo».

Baño purificador de sal y lavanda:
un ritual de renovación

La sal actúa como un poderoso purificador, absorbiendo las energías negativas y aportando un equilibrio energético. (Puedes añadir a la mezcla cualquier planta seca o aceite esencial que te resuene en ese momento).

Materiales necesarios

— Una taza de sal marina gruesa.
— Hojas secas de lavanda.
— Diez gotas de aceite esencial de lavanda.

Realización

Llena la bañera con agua tibia, agregando los ingredientes y mezclando bien para que se distribuyan uniformemente. Sumérgete en el agua aproximadamente durante veinte minutos. Respira profundamente, permitiendo que el aroma y las propiedades de la lavanda te envuelvan y renueven tu energía.

Finalización

Sal del baño sin enjuagarte, permitiendo que los restos de sal y lavanda permanezcan en tu piel.

Ritual ancestral: **limpieza con pieles de cebolla**

Las pieles de cebolla, utilizadas desde tiempos ancestrales, poseen propiedades purificadoras que ayudan a eliminar las energías negativas. Este ritual nos conecta con la sabiduría de antiguas tradiciones y renueva nuestra energía personal.

Materiales necesarios

— Pieles de cebolla.
— Recipiente resistente al calor.
— Carbón vegetal.
— Pinzas resistentes al calor.
— Cerillas.

Realización

En un recipiente resistente al calor, coloca un carbón vegetal previamente encendido e incorpora las pieles de cebolla, permitiendo que comiencen a arder.

Pasa el recipiente con las pieles alrededor de tu cuerpo, desde los pies hasta la cabeza. Hazlo lentamente, asegurándote que el humo cubra todo el cuerpo.

Visualización

Mientras lo haces, visualiza cómo el humo absorbe y disuelve cualquier energía negativa.

Baño de romero:
purificación y energía renovada

La infusión de romero, empleada desde tiempos ancestrales en diversas culturas, como la romana y la griega, es conocida por sus potentes propiedades purificadoras y revitalizantes.

Materiales necesarios

— Romero.
— Agua.

Realización

Previamente, prepara una infusión de romero. Llena un recipiente apto para el fuego de agua (puedes hacer más cantidad y usarlo en dos días consecutivos, pero no dejes la mezcla preparada durante más tiempo, ya que se echará a perder) y, cuando el agua esté hirviendo, introduce ramas de romero fresco en él. Deberá hervir durante, aproximadamente, diez o quince minutos. Posteriormente, dejaremos que la mezcla se enfríe. A mí, personalmente, me gusta poner la mezcla en una botella de cristal y transportarla así más fácilmente al baño.

Después de la ducha, esparce esta mezcla por todo tu cuerpo y no te enjuagues después. Visualiza cómo esta mezcla limpia y revitaliza tu energía.

Relájate y limpia: **el poder del baño de pies**
en la energía personal

Este es un ritual sencillo pero profundo, que ayuda a eliminar tensiones y liberar energías estancadas. Dado que en los pies se encuentran todas las terminaciones nerviosas de nuestro cuerpo, esta limpieza energética promueve un equilibrio integral.

Materiales necesarios

— Media taza de sal marina gruesa.

— Cinco gotas de aceite esencial de menta o salvia.

Realización

Llena un recipiente grande con agua caliente y añade todos los ingredientes, mezclándolos para que se integren bien.

A continuación, sumerge tus pies en el agua durante quince o veinte minutos. Mientras lo haces, cierra los ojos y visualiza cómo el agua limpia y revitaliza tu energía.

Para acabar, seca tus pies al aire libre si es posible.

Ducha energética: refresca tu energía

Es una práctica poderosa que utiliza el elemento agua y el elemento tierra para limpiar y purificar tu campo energético eliminando bloqueos.

Materiales necesarios

— Sal marina gruesa.

Realización

Crea un entorno relajante en tu baño. Puedes usar velas, música suave o aceites esenciales para preparar el ambiente. Asegúrate de que la temperatura del agua sea cómoda y agradable.

Antes de comenzar, establece una intención clara para tu ducha energética. Puede ser una afirmación o una visualización de lo que deseas liberar o soltar. Por ejemplo, puedes pensar en liberar estrés, eliminar bloqueos emocionales o renovar tu energía.

Entra en la ducha y permite que el agua fluya sobre ti. Mientras lo haces, concédele tu atención a la sensación del agua en tu piel y permite que te envuelva completamente.

Esparce sal marina gruesa por todo tu cuerpo, desde los dedos de los pies hasta la cabeza. Hazlo lentamente y concéntrate en los movimientos.

Cierra los ojos y visualiza cómo el agua arrastra cualquier energía negativa o bloqueo que puedas tener. Imagina que cada gota de agua purifica y revitaliza tu campo energético, llevándose consigo las impurezas.

Mientras el agua corre sobre ti, repite afirmaciones positivas que resuenen con tu intención. Puedes usar frases como esta: «Libero todo lo que ya no me sirve y no me pertenece».

Al finalizar el baño, abre el grifo a la temperatura más fría que soportes para realizar un enjuague final. Este enjuague final simboliza la finalización del proceso de limpieza y la consolidación de tu nueva energía renovada.

Raíces y energía: abrazar un árbol
para revitalizar tu energía personal

Desde tiempos ancestrales, diferentes culturas han utilizado esta técnica para conectar con la energía de la tierra. Aportando estabilidad y equilibrio interior.

Procedimiento

Encuentra un árbol que te atraiga y te haga sentir en paz. Coloca tus manos sobre el tronco y cierra los ojos, respirando profundamente varias veces.

Abraza el árbol y siente cómo su energía te envuelve y te limpia. Visualiza cómo la energía del árbol absorbe cualquier negatividad y te llena de paz y bienestar.

Para acabar, da las gracias al árbol por su energía y liberación.

Pies descalzos y energía: ritual de limpieza con la tierra

El elemento tierra ofrece una base sólida para la transmutación de nuestra energía, proporcionando estabilidad y equilibrio. A través del contacto directo con la tierra, podemos liberar y reequilibrar nuestra energía.

Procedimiento

Encuentra un lugar natural, como un parque, un bosque o una playa. Descálzate y camina sobre la tierra, césped o arena. Mientras lo haces, visualiza cómo la energía de la tierra sube por tus pies, limpiando y equilibrando todo tu cuerpo.

Transformación interior: meditación y visualización para la limpieza energética

La meditación y la visualización son poderosas herramientas para la limpieza energética personal, ya que permiten alinear y purificar nuestra energía interna. Al incorporar estas prácticas, podemos crear un espacio mental y espiritual libre de bloqueos para un mayor equilibrio.

Procedimiento

Encuentra un espacio tranquilo donde puedas sentarte cómodamente. Cierra los ojos y respira profundamente varias veces para relajarte. Imagina una luz blanca brillante que desciende desde el universo y te envuelve completamente. Visualiza cómo esta luz penetra en cada célula de tu cuerpo, limpiando y purificando toda energía negativa. Permanece en esta visualización durante diez o quince minutos, manteniendo tu mente enfocada en la luz y la purificación.

Elevación vibracional:
claves para mantener tu energía alta

Elevar tu vibración es esencial para protegerte de densidades energéticas y mantener el bienestar en tu vida diaria. Al enfocarte en actividades que te nutren y te inspiran, puedes mantener una frecuencia vibracional alta, que te ayudará a transitar mejor por el entorno y las situaciones que enfrentas actualmente.

Existen diferentes prácticas sencillas que, al realizarlas con intención, contribuyen a elevar nuestra vibración. Actividades como pasear por la naturaleza, inhalar aceites esenciales, realizar actividades que nos apasionan o, simplemente, dedicar tiempo a estar a solas y reflexionar pueden tener un profundo impacto en nuestra energía. El secreto para obtener el máximo beneficio de estas prácticas es realizarlas con plena conciencia y enfoque en el resultado deseado, es decir, dirigirlas hacia nuestros objetivos de equilibrio y protección energética.

La limpieza energética personal es esencial para mantener nuestro equilibrio y bienestar en un entorno lleno de influencias y energías diversas. Al realizar prácticas regulares de purificación, no solo fortalecemos nuestra conexión con nuestro ser interior, sino que también garantizamos que nuestra energía permanezca limpia y positiva. Integrar estas técnicas en nuestra rutina diaria ayuda a prevenir el estancamiento energético, promueve mayor claridad mental y emocional, y nos permite vivir de manera más plena y consciente, teniendo abundancia en todos los ámbitos de nuestra vida.

El comienzo
de un nuevo
camino

Epílogo

El comienzo de un nuevo camino

Llegamos al final de este viaje, pero, en realidad, este es solo el comienzo de una nueva etapa en tu vida. A lo largo de estas páginas, hemos explorado juntos el fascinante mundo de las limpiezas energéticas, descubriendo herramientas y técnicas que tienen el poder de transformar no solo tu hogar, sino también tu bienestar personal.

Espero que cada uno de los métodos y rituales que has aprendido te inspire a mantener un espacio armonioso y una vida más equilibrada. Recuerda que la energía está en constante movimiento y es esencial que sigas cuidando de ella con amor y dedicación.

No hay un camino único ni una manera perfecta de hacer las cosas; lo importante es que encuentres lo que resuena contigo y lo adaptes a tus necesidades. Confía en tu intuición y en el conocimiento que has adquirido, y permite que esta sabiduría te guíe en cada paso que des.

A partir de hoy, eres capaz de crear un ambiente que te apoye, te nutra y te eleve; un santuario de energía positiva donde puedas crecer y florecer. Estoy agradecida por haberte acompañado en este recorrido y por la confianza que has depositado en mí.

Mi deseo es que sigas explorando, aprendiendo y, sobre todo, disfrutando de cada ritual y práctica. Que cada limpieza energética sea una oportunidad para reconectar contigo mismo y con el poder transformador de la naturaleza.

Este libro es un recurso al que siempre podrás volver, una guía para recordar que, en el fondo, tú tienes el poder de cambiar tu vida. Me despido con la certeza de que has comenzado un camino hermoso y lleno de posibilidades.

Hasta pronto, ¡y que la energía positiva siempre te acompañe!